浙江省社科规划办重点项目"中国企业海外'逆势'并购之谜：特征事实、形成机理与政策启示"（19NDJC032Z）

教育部青年基金项目"中国企业海外并购游说竞争策略与优化路径研究"（17YJC790062）

浙江省自然科学青年基金项目"中国企业海外并购的游说竞争策略与路径优化研究"（LQ18G030016）

浙江省教育厅一般项目"中国企业海外并购的游说竞争策略与路径优化研究"（Y201737964）

跨国并购的政治经济学研究

● 蒋墨冰 ———— 著

A Study on the Political
ECONOMY
of Cross-border M & A

ZHEJIANG UNIVERSITY PRESS
浙江大学出版社

图书在版编目（CIP）数据

跨国并购的政治经济学研究 / 蒋墨冰著. —杭州：浙江
大学出版社，2020.6
ISBN 978-7-308-20238-1

Ⅰ．①跨… Ⅱ．①蒋… Ⅲ．①跨国兼并－政治经济学－
研究 Ⅳ.①F276.6

中国版本图书馆 CIP 数据核字（2020）第 086306 号

跨国并购的政治经济学研究

蒋墨冰　著

策划编辑	吴伟伟 weiweiwu@zju.edu.cn
责任编辑	丁沛岚
责任校对	汪淑芳
封面设计	春天书装工作室
出版发行	浙江大学出版社
	（杭州市天目山路 148 号　邮政编码 310007）
	（网址：http://www.zjupress.com）
排　　版	杭州好友排版工作室
印　　刷	杭州高腾印务有限公司
开　　本	710mm×1000mm　1/16
印　　张	13
字　　数	155 千
版 印 次	2020 年 6 月第 1 版　2020 年 6 月第 1 次印刷
书　　号	ISBN 978-7-308-20238-1
定　　价	48.00 元

浙江大学出版社市场运营中心联系方式：(0571) 88925591；http://zjdxcbs.tmall.com

前　言

　　跨国并购已经成为中国对外直接投资最重要的形式之一,特别是金融危机以来,中国企业在跨国并购市场上十分活跃,然而中国企业跨国并购的突出问题是远低于世界平均水平的并购成功率。在此背景下,中国企业近十年来逐渐意识到游说对于并购政策的重要影响,开始加入游说并购目的国政府的行列中。本书以游说竞争为切入点,通过完全信息动态博弈分析,围绕影响并购政策的因素,构造了混合寡头垄断游说竞争模型,研究了外国企业(比如中国企业)对母国政府(比如美国政府)的游说如何影响母国企业的跨国并购政策,以及不同特征的混合所有制企业通过游说影响跨国并购政策的传导机制,揭示了企业所有制、贸易自由度、并购行业特征等因素通过游说影响跨国并购成功率的内在机理。

　　首先,本书在 Grossman 和 Helpman(1994)"Protection for Sale"(保护待售)模型基础上,构建了一个游说影响跨国并购政策的混合寡头垄断游说竞争模型,通过对并购目的国政府的目标函数进行修改,揭示了政府对外国游说者的"歧视"影响跨国并购成功率的内在机理。模型主要得出以下结论:一是当母国政府只考虑社会福利时,则该政府只会批准并购效率高的跨国并购。二是当并购效率较高且母国政府只考虑来自利益集团的游说资金,并对国内外企业的游说一视同仁时,母国政府总会同意该并购,然而当母国政府对外国企业的游说有所"歧视",或者外国企业游说效率很低时,母国政府将会阻止并购的发生。三是当母国政府同时考虑社会福利和游说资金时,母国政府是否"歧视"外国企业的游说,或者外国企业游说效率的高低对并购政策有非常大的影响。当母国政府对外国企业的游说"歧视"很强,或者外国企业的游说效率很低时,外国企业跨国并购的成功率将大大降低。

其次,在游说影响跨国并购的寡头垄断模型中,引入了混合所有制企业和贸易自由度,假设外国并购方企业是一家拥有国有股份的混合所有制企业,并假设混合所有制企业比私营企业拥有更加宽松的融资约束,在混合寡头背景下进一步分析了企业融资约束的不同影响跨国并购成功率的内在机理。主要得到以下结论:一是最大化社会福利的母国政府的跨国并购决策主要取决于外国并购方企业的国有股份比重和跨国并购效率。当国有比重足够低且跨国并购效率较高时,母国政府倾向于批准此跨国并购。而且,随着国有股份比重的下降,并购被批准的范围相应地扩大。另外,母国政府更加偏好发生在边际成本高的行业的并购,总是会拒绝边际成本很低的行业的并购。二是若母国政府完全看重来自利益集团的游说资金,则总是会批准并购。三是当母国政府同时考虑本国社会福利和游说资金时,相较于无私政府的情形,同意并购的范围扩大了。而且当母国政府足够看重游说资金时,并购总是可以得到批准。

再次,刻画了混合所有制企业的另一种特征,改变了混合所有制企业的目标函数,引入了跨国并购行业竞争程度,将模型扩展到双边贸易框架中。假设并购方企业是具有一定国有背景的企业,承担政府赋予的社会责任,在决策过程中需要同时考虑企业利润和社会福利,进一步分析承担社会责任的并购方企业通过游说影响跨国并购决策的内在机制。主要得出以下结论:一是当母国政府是一个无私政府时,母国政府的并购决策很大程度上取决于外国企业的国有股份比重和并购效率。当外国企业的国有股份比重较低,且并购效率较高时,母国政府倾向于同意并购。如果母国政府只看重来自利益集团的游说资金,则总是会同意跨国并购。二是当母国的贸易自由度比外国更高时,母国政府总是会同意该并购。三是当母国政府是无私政府,且行业竞争程度很高时,母国政府倾向于同意并购。然而如果母国政府是政治驱动型的,只考虑游说资金,则结果正好相反,母国政府将会同意行业竞争程度较低的并购。

最后,从国家安全和游说的角度对中国跨国并购案例进行了分析,通过对并购目的国政治环境的分析,以及对本书理论部分得出结论的论证,总结了案例失败的原因和成功的经验,并提出了相关的政策建议。

目　　录

1
导论

1.1 研究背景与意义

中国作为新兴经济体,在过去 15 年间年均经济增长率达到 10%,快速平稳的增长势头引起了国际学术界的广泛关注。中国成了名义上的"世界工厂",外贸依存度超过 70%①,也被牢牢锁定在了低端价值链,难以摆脱所谓的"比较优势陷阱"。为了提升中国在国际分工中的地位,必须通过对外投资等方式优化产业结构和资源配置。此外,自加入世界贸易组织(WTO)以来,巨额的贸易顺差使中国与世界各国的贸易摩擦不断;外汇储备高居世界第一,这也给人民币带来了巨大的升值压力。出于产业调整、战略升级等各方面的考虑,中国政府积极鼓励有能力的企业走出国门开展海外投资。2000 年,中国政府正式提出"走出去"战略,并在 2001 年将其写入《"十五"计划纲要》。随后,中国政府出台了一系列支持跨国并购的政策规定,为中国企业跨国并购营造了良好的政策环境。

在过去 100 多年间,全球历经五次并购浪潮,其中 20 世纪 90 年代中期爆发了第五次并购浪潮。随着资本市场的不断成熟与完善,中国各种企业越来越多地参与到这次并购浪潮中。图 1.1 显示了 1997 年至 2015 年中国企业跨国并购的总趋势。

根据 Zephyr 数据统计,1997 年至 2001 年,中国企业年均跨国并购

---

① 2000—2015 年的年均增长率数据来自《中国统计年鉴》。

图 1.1　1997—2015 年中国企业跨国并购趋势

资料来源:根据 Zephyr 全球并购数据库整理得出。

额仅 6.72 亿美元。加入 WTO 后,中国企业海外投资和并购的脚步开始加快:2002 年至 2008 年,年均并购额为 114.82 亿美元;2009 年至 2012 年,中国企业年均跨国并购金额进一步上升至 368 亿美元;2015 年,跨国并购共完成 407 起,涉及交易额 501.53 亿美元,较 2012 年的253.46亿美元增加了近 1 倍。

中国企业跨国并购有许多成功的典型案例,例如:2001 年,万向集团成功并购了美国上市公司 UAI(Universal Automotive Industries INC.),是中国乡镇企业并购海外上市公司的第一个成功案例;2004 年,联想集团成功收购了 IBM 台式电脑和笔记本(PC)业务;2005 年,中国石油天然气集团公司(CNPC)通过旗下全资子公司中油国际(CNPCI)收购了哈萨克斯坦 PK 石油公司(PK);2008 年,中联重科并购了全球混凝土机械三大品牌之一的 CIFA;2010 年,吉利控股集团并购了沃尔沃;2011 年,海南航空集团收购了 GESeaCo。然而,中国企业跨国并购规模大幅度扩张的同时,跨国并购失败率高、并购后财务绩效低下仍是普遍问题。据汤姆森跨国并购数据库显示,1995 年到 2008 年,中国企业跨国并购的业绩表现远逊于欧美国家的企业。依据 Zephyr 统计数据显示,2011 年,中国企业跨国并购失败率接近 50%,大宗并购的失败率很高,只有较少的企业真正通过跨国并购赢得了竞争优势。并且,在中国企业跨国并购的过程中,虽然拟并购的目标企业相对集中于(潜在)业绩良好的外国企业,但这类并购往往以失败告终,而并购成功的目标企业大多为业绩较差的外国企业。中海油(CNOOC)跨国并购优尼科(Unocal)以及中铝集团(CHAL-CO)并购力拓(Rio Tinto)就是典型的并购失败案例。

中国企业跨国并购失败率高,并购后绩效不佳的原因:一是战略部署不合理。未能选择正确的行业以及确定其市场竞争地位,并依据企业自身的经营规模、市场地位等,确定合适的并购对象。典型案例有 TCL 并购阿尔卡特手机。二是支付方式单一。中国企业跨国并购主要采用现金支付方式,使企业面临巨大的现金压力,导致并购失败。典型案例有TCL 并购法国汤姆逊公司的彩电业务。三是政治障碍。西方国家以威胁国家安全为由驳回中国企业的跨国并购。典型案例有中海油并购优尼科。四是文化差异。对文化整合的忽视或者文化整合缺乏效率导致并购走向失败。典型案例有上汽集团收购韩国双龙。

而在众多影响跨国并购成功率的因素中,政治因素起着十分关键的作用。本书将从政治经济学角度,从游说竞争的角度分析企业跨国并购行为以及跨国并购的成功率。游说行为在企业跨国并购中起着十分重要的作用。2009 年,来自 137 个国家的 580 多家公司的决策者为了影响美国政策制定者参与到游说美国政府的活动中,游说总额超过 4.84 亿美元。中国企业近年来也越来越多地加入游说国外政府的行列中,表 1.1 显示了频繁游说美国政府的中国企业。

表 1.1　2005—2019 年中国企业游说美国政府花费　　　　单位/万美元

年份	阿里巴巴	中兴	联想	比亚迪	吉利	华为	万向	中国远洋海运	中国海洋石油	中石油
2005		6				24			224	
2006			81.6					12		
2007			112.4					4		
2008			145					8		
2009			68			40		9		4.5
2010		14	49		4	35		12		3.5
2011	10	18.2	48			24	42.5	4		
2012	46.1	17	11		29.5	120		3	22	
2013	43	83	14		30	61.6	14	5	3	
2014	45	101	85	4.5	18.5	67.8	3	5		
2015	41	62	21	3.6	37.5	57.5		2		
2016	102	86	20	14.6	110	34.9		3		
2017	201	51	20	2	128	6		2		
2018	274	379	20	19	169.5	16.5		3		
2019	262	395	26	19	185.5	298.5		4		

资料来源:美国游说信息披露数据库 OpenSecrets.org。

中国企业游说美国政府的原因多种多样,其中为了顺利实现跨国并购进行的游说也不在少数。2004 年,联想集团通过游说美国政府成功以 12.5 亿美元的价格收购了 IBM 的 PC 业务;2013 年,中海油游说美国国会为收购 Nexen 做准备;万向集团为了并购美国电池生产商 A123 于 2013 年花费了 14 万美元游说美国政府。

自 20 世纪 90 年代以来,国际贸易的政治经济学是主流经济学界最热门的研究课题,和产业内垂直分工与外包、贸易与内生增长、贸易与环境一起称为国际贸易研究的四大前沿课题。国际贸易学主要研究两大问题——贸易模式和贸易政策。本书研究的是后者,即各国贸易政策中的并购政策如何受到政治因素的影响,即一国的特殊利益集团如何影响一国贸易政策的制定。

通过研究,本书旨在回答以下四个问题:

1)当企业进行跨国并购时,外国企业(如中国的联想集团)对母国政府(如美国政府)的游说行为在跨国并购中起到怎样的作用? 外国企业如何通过游说跨越跨国并购的政治障碍?

2)母国政府的政治倾向性(对游说资金的看重程度)如何影响外国企业并购的有效性,从而影响跨国并购的成功率?

3)母国政府对待国内企业和国外企业游说的不同态度,或者外国企业的游说效率,如何影响母国政府的跨国并购政策?

4)跨国并购的成功率受哪些因素影响? 如企业的所有制结构、贸易自由化程度以及市场竞争程度如何通过游说来影响跨国并购的成功率?

回答以上问题,在理论和现实两方面都有重要意义:

从理论意义上看,本书对 Grossman 和 Helpman(1994)提出的"Protection for Sale"(保护待售)模型进行了拓展与应用,将其应用于解释跨国并购中,对贸易政策中的并购政策进行了深入的分析,这对国际贸易政治经济学的文献进行了补充。本书从政治经济学的角度,以政治障碍这个全新视角,考察制度因素(利益集团的游说)对中国企业跨国并购成功率的影响。现有文献的研究重点主要在于并购的动因以及并购后的绩效评估,很少有文献从所有制结构方面研究跨国并购的成功率。本书通过构建政治经济寡头垄断游说模型,分析了企业的所有权性质、贸易自由化程度以及市场竞争程度等因素通过游说影响并购成功率的理论传导机制,探讨了企业如何通过游说跨越跨国并购中遇到的政治障碍。

从现实意义上看,本书通过探讨企业的所有制结构、贸易自由化程度以及市场集中度等因素如何通过游说影响跨国并购成功率的内在机理,解释了中国企业并购失败率高的原因;通过案例分析法和理论模型检验游说能否提高中国企业跨国并购的成功率,指导企业合理地使用游说策略,为中国企业在跨国并购中跨越政治障碍提供理论支撑,并为中国企业"走出去"提供政策建议。

1.2　研究方法

1.2.1　国际贸易政治经济学框架下的理论模型分析法

本书在 Grossman 和 Helpman(1994)的"Protection for Sale"模型基础上进行拓展与应用,将其应用于解释跨国并购政策中,构建一个共同代理人博弈模型。本书将构建一个垄断寡头背景下的单边和双边贸易游说竞争模型,以考察游说资金对于水平跨国并购政策的影响;进一步扩展模型,将中国企业混合所有制的特征融入模型中,来考察不同所有制结构对企业的跨国并购成败有何影响;以及将贸易自由度和市场竞争程度加入模型,考察两者对并购政策的影响。

1.2.2 案例分析法

本书从 Zephyr 全球并购数据库中收集中国企业并购国外企业的数据,并从美国游说信息披露数据库(OpenSecrets.org)等网站获得中国企业游说国外政府的数据。通过对数据进行整理分析,对中国主要跨国并购案例进行横向对比和分析,总结近年来中国几起大的跨国并购案例的特征以及中国企业的游说策略。通过整理和归纳中国企业跨国并购的失败案例和成功案例,总结失败或成功的主要因素,尤其是成功案例中,企业游说策略的影响。

1.3 研究内容与框架

1.3.1 研究内容

第 1 章导论。本章主要介绍了本研究选题的目的、意义、研究方法、研究内容、研究框架和可能创新点。

第 2 章文献综述。综述部分总结了跨国并购的理论和实证文献,包括:跨国并购的动因理论与实证,影响跨国并购成败(绩效)的因素分析,以及与本书最相关的跨国并购政治经济学研究。通过分析以往文献的不足之处引出本书的切入点。

第 3 章企业游说影响跨国并购的内在机理分析。本章在 Grossman 和 Helpman(1994)的"Protection for Sale"模型基础上,对政府的目标函数进行了修改,以符合现实中政府对国内外游说者态度不同的情境,分析了政府对外国游说者的"歧视"影响跨国并购成功率的内在机理。

第 4 章企业所有制、游说与跨国并购单边贸易模型。在第 3 章的基础上,引入了混合所有制企业和贸易自由度,假设外国并购方企业是一家拥有国有股份的混合所有制企业,并假设混合所有制企业比私营企业拥有更加宽松的融资约束,在混合寡头背景下深入分析了企业由于融资约束的不同影响跨国并购成功率的内在机理。在理论模型中揭示了企业所有制结构与贸易自由度通过游说影响跨国并购成功率的传导机制。

第 5 章企业所有制、游说与跨国并购双边贸易模型。本章将第 4 章的模型扩展到双边贸易框架中,改变了混合所有制企业的目标函数,引入了跨国并购行业竞争程度。假设并购方企业是具有一定国有背景的企业,承担政府赋予的社会责任,在决策过程中需要同时考虑企业利润和社会福利,深入分析了考虑社会责任的并购方企业通过游说影响跨国并购决策的内在机制。

第 6 章中国企业跨国并购案例分析。本章在前文理论框架下,分析了中国企业跨国并购中的游说策略,整理和归纳了中国企业海外游说的表现以及影响中国企业跨国并购成败的因素,为中国企业跨国并购与游说策略提出建议。

第 7 章结论与政策启示。本章对前文的理论进行了总结,并提出了相应的政策建议,以及本书的不足之处与未来研究展望。

1.3.2 研究框架(见图 1.2)

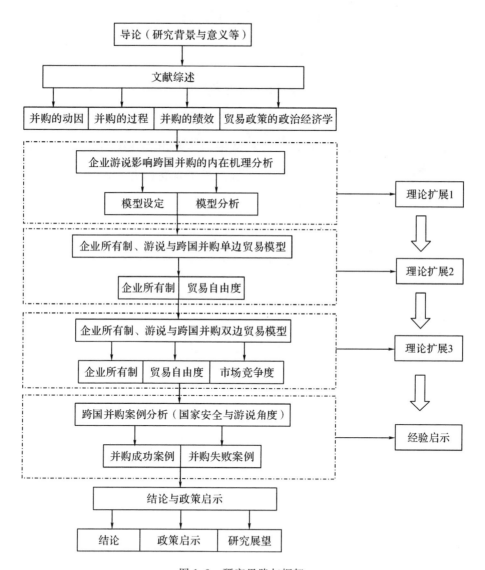

图 1.2 研究思路与框架

1.4   可能的创新点

以往文献对于跨国并购的研究视角多是从跨国并购的动因或是跨国并购后的绩效分析着手,本书从国际贸易政治经济学的视角分析利益集团游说对跨国并购政策的影响,并且从中国实际出发在模型中引入企业所有制结构,研究企业所有制结构通过游说影响跨国并购政策的内在机制。本书可能的创新主要有以下两方面。

第一,本书在 Grossman 和 Helpman(1994)的"Protection for Sale"模型基础上进行了拓展与应用,将其应用于解释跨国并购政策中,构建一个垄断寡头背景下的贸易游说竞争模型,以考察游说资金对于跨国并购政策的影响。

第二,本书对游说竞争模型从三个方面进行了扩展:

一是对并购目的国政府目标函数的重新定义,分析了当并购国政府对外国利益集团游说有所"歧视"时,游说与并购政策之间的关系。

二是在模型中引入混合所有制企业的特征,假设具有国有背景的混合所有制企业比私营企业拥有更加宽松的融资约束,在混合寡头背景下深入分析了企业由于融资约束的不同影响跨国并购成功率的内在机理,并揭示了企业所有制结构与贸易自由度通过游说竞争影响跨国并购成功率的传导机制。

三是将模型进一步扩展为双边寡头垄断模型,假设混合所有制企业与民营企业的区别在于需要背负政府赋予的社会责任,企业目标函数变为企业利润和社会福利的加权平均。通过模型揭示了所有制结构影响并购政策的另一种内在机理,深入分析了并购方企业通过游说活动影响并购决策的传导机制。

2
文献综述

在跨国并购中，为什么一些提高本国社会福利的跨国并购被并购目标国政府拒绝，或者为什么一些不利于本国社会福利的跨国并购却被接受？在早期研究阶段，经济学家通常假设政府只会选择使本国社会福利函数最大化的贸易政策。然而真实世界中，政府选择面临不确定性，不仅要考虑社会福利，也会关注社会福利如何分配。对于不能被已有经济理论解释的经济现象，经济学家发展出了新的理论和构建了新的模型，在模型中考虑了利益集团能够影响或者决定贸易政策的事实，这就是国际贸易学中的"政治经济学方法"。自 20 世纪 90 年代以来，国际贸易的政治经济学是主流经济学界最热门的研究课题，和产业内垂直分工与外包、贸易与内生增长、贸易与环境并称国际贸易研究的四大前沿课题。国际贸易学主要研究两大问题：贸易模式和贸易政策。前者的研究文献不计其数，而后者的研究文献则较少。

自 20 世纪 70 年代以来，关于企业并购的理论与实证研究文献越来越丰富，大部分文献主要围绕三个主题：①从微观和宏观的角度研究企业并购的动因；②利用博弈模型或者实物期权模型来分析企业并购的过程，例如并购过程中的企业策略选择，或者并购过程中的支付手段等；③企业并购后的绩效研究，这部分研究用的最多的方法是事件研究法或者财会指标研究法。然而研究并购前企业的准备、跨国并购成败影响因素（特别是政治因素在跨国并购中发挥的作用）的文献却非常少，因此本书对文献的梳理，分为三个部分：第一部分，对企业跨国并购的中外文献的理论和实证研究进行总结；第二部分，关于跨国并购成败影响因素的文献梳理；第三部分，对国际贸易政治经济学的发展和前沿研究进行梳理和分析，并重点介绍了本书采用的 Grossman 和 Helpman(1994)的"Protection in for Sale"模型。

2.1 跨国并购理论与实证

2.1.1 企业并购动因理论

在过去 100 多年间,全球已经发生了五次大规模的并购浪潮,最近一次并购浪潮发生在 20 世纪 90 年代。每一次的并购浪潮也推动了并购理论的发展与演进。

2.1.1.1 横向并购理论

第一次并购浪潮发生在 19 世纪末 20 世纪初,它催生了横向并购理论,其中较有代表性的理论有规模经济效应理论、协同效应理论和福利均衡理论。经济学家 Ansoff 于 20 世纪 60 年代在其著作《公司战略》中首次提出了协同的概念。Weston(1998)在《接管、重组与公司治理》一书中将管理协同效应也列为协同效应。他认为,公司并购之后,效率会因为管理协同效应和营运协同效应而有所提高,也就是说并购之后企业的整体价值大于分散的单个企业价值之和。

效率的一种来源是管理水平的差异。以 Jensen 和 Ruback(1983)为代表的学者在 20 世纪 80 年代早期开始研究公司兼并对股东财富的影响。他们研究发现,公司可以通过兼并或者接管使股东获得超额报酬。

Tobin(1969)提出了托宾 Q 理论,所谓的 Q 值是指企业的市场价值除以资本重置成本。当 Q 值小于 1 时,如果企业有扩张的需求,它会选择收购其他企业,而不是自己从头做起,因为收购其他企业的成本要小得多。

并购中效率的另一种来源是规模经济和范围经济。Grossman 和 Hart(1986)提出了不完全契约理论,并解释了纵向并购中的效率来源。当并购双方在经济上有重要的互补性时,合并是有效率的,能够减少套牢和投资不足问题。

并购中效率的第三种来源是财务协同。企业可以通过并购将外部风险转化为内部融资,增加财务协同,降低融资风险。另外,企业也可以通过并购实现合理避税等目标。然而财务协同理论被许多学者质疑,主要是因为有效市场中难以存在任何形式的财务协同,Weston(1998)也认为税收只能是并购的一个加强因素,而不是决定因素。除此之外,企业还可以通过实现业务多元化降低经营风险,提高被低估的企业市值等方式获得并购效率。

然而也有学者对于横向并购理论提出了质疑,Williamson(1968)通过应用新古典主义经济学的局部均衡理论提出了福利权衡模型,认为规模效益可能会形成产业垄断,从而损害社会福利。

2.1.1.2　纵向并购理论

第二次并购浪潮出现在 20 世纪二三十年代,这个时期的并购主要是纵向并购,并出现了混合兼并。这次浪潮催生了许多新的纵向并购理论,包括:交易费用理论、生命周期理论。Coase(1937)在《企业的性质》一文中首次提出"交易费用"的概念,指出企业之所以选择进行企业内部交易

（即企业并购）是由于企业并购的交易费用比市场交易的费用低。Williamson(1977)发展了交易费用理论,从市场失灵和交易费用的角度分析了并购的动因。该理论认为,企业机制和市场机制是进行资源配置的机制,两者是可以相互替代的,若市场交易费用过高,企业可以使交易内部化以降低费用。

2.1.1.3　混合并购理论

从 20 世纪 60 年代中期爆发的第三次并购浪潮开始,跨国并购开始活跃起来。关于跨国并购的理论也有一些新的发现,如代理理论、自大理论、市场势力理论等。Jensen 和 Meckling(1976)首次提出了代理理论,并阐述了代理问题的含义。他们认为,管理者倾向于利用管理特权追求私利。驱使管理者进行自利性并购的因素多种多样。Shleifer 和 Vishny(1989),Lang 等(1991)以及 Lewellen 等(1985)研究了影响管理者并购偏好的各种因素。Mueller(1969)提出了管理主义,认为公司规模是管理者报酬的重要参考标准,因此管理者可能不会考虑公司实际的投资回报率,而倾向于通过并购活动来扩大公司规模,以此提高自己的报酬。然而 Mueller 的一个重要假设是经理的报酬是公司规模的函数,Lewellen 和 Huntsman(1970)则认为经理的报酬来源主要与公司盈利相关,而不是公司销售额,这使 Mueller 的理论受到很大的挑战。

许多研究者发现,企业家普遍存在过度自信的问题,对自己成功概率的估计大大高于对别人成功概率的估计(Cooper et al.,1988;Landier,Thesmar,2009;Merrow et al.,1981;Statman et al.,1985)。以这些研究结果为基础,Roll(1986)开创性地提出了管理者自大假说(Hubris Hypothesis),他认为管理者总是高估自己的经营能力,在评估并购收益时过于乐观,使一些不具有价值的并购得以发生。Heaton(2002)将管理者过度自信与自由现金流结合起来,研究发现管理者过度自信会导致过度投资或者投资不足。Roll 的自大假说在实证检验中得到了验证。Malmendier 和 Tate(2003,2005)通过实证分析发现,管理者越过度自信,就越容易实施并购,而且相对于非过度自信管理者发起的并购的回报率,过度自信管理者发起的并购带来的回报要低得多(吴起鹏等,2008)。郝颖等(2005)与 Lin 等(2005)分别用我国大陆和台湾的数据对自大假说进行验证,得出了同样的结论。

2.1.1.4 并购浪潮理论

传统的并购理论研究的多是单个并购活动,然而并购总是以浪潮的形式出现,一些学者开始将并购浪潮与宏观经济因素联系起来,出现了新的并购理论。

Gort(1969)是新古典理论的代表,他首次将经济冲击与并购浪潮联系起来。在新古典理论框架下,众多学者研究了经济冲击与并购浪潮的关系,分析了各种并购浪潮的驱动因素。例如,Mitchell 和 Mulherin(1996),Andrade 等(2001)分析了技术创新、规制解除等因素对并购浪潮出现的影响,发现这些因素是重要的驱动力量;Harford(2005)也发现了并购浪潮的另一个驱动力量,即资本的流动性;Hubbard 和 Palia(1999)研究发现资本成本也是并购浪潮发生的另一个驱动因素;Holmstrom 和 Kaplan(2001)发现,公司治理变革是 20 世纪 80 年代至 90 年代并购浪潮的驱动因素之一。

另一个研究并购浪潮的热门理论是市场错误定价理论。市场错误定价是指并购前公司的股价不能正确反映它的实际价值,这是并购的重要驱动因素(Shleifer,Vishny,2003;Rhodes-Kropf,Viswanathan,2005)。除了这两种理论之外,一些学者运用期权博弈方法提出了驱动并购浪潮的其他因素,如李杰等(2011)在对中国跨国并购的研究中发现负向需求冲击是驱动中国跨国垂直并购的重要因素。

然而,以上理论研究的共同点是,并购浪潮的驱动因素是外生冲击因素和经济环境变化,而没有考虑企业的战略选择,即战略因素对并购的影响。现有文献中对内生性的并购研究并不多,已有的研究包括 Kamien 和 Zang(1990),Barros(1998),Gowrisankaran(1999),Fauli-Oller(2000),Gowrisankaran 和 Holmes(2004)。由于内生并购的复杂性,其中一些学者研究部分内生化的并购,比如将并购企业个数设为 3 个(Barros,1998)或者 4 个(Fauli-Oller,2000),或者假设并购按照一定的顺序发生(Gowrisankaran,1999;Fauli-Oller,2000)。Bernile 等(2011)研究了企业面临产业需求冲击时,出于战略因素考虑进行的并购活动;Qiu(2007)研究发现企业异质性和负向需求冲击是并购浪潮发生的两个必要因素。

2.1.1.5 跨国并购理论

在前四次企业并购浪潮中,并购主体主要以英美企业为主,而在 20 世纪末,以美国为首的跨国公司在世界上又掀起了一次并购浪潮,亚洲国家也纷纷参与到跨国并购中,这次大规模的跨国并购浪潮引起了许多学者的兴趣,在前述并购理论的基础上也发展出了许多跨国并购的理论。

微观理论包括:国际化战略与组织形态论、企业组织能力论、动态能力与组织学习论、国际经营阶段论、资源基础理论、企业值低估论、基于非生产性的规模经济理论。宏观理论包括：垄断优势理论、产品生命周期理论、区位因素理论、内部化理论、市场势力理论等。

大部分跨国并购理论脱胎于前述并购理论，并且在现有研究中存在诸多缺陷，如研究结论差异很大、研究思路不完整、大部分采用微观单一视角等。

并购理论随着一次次的并购浪潮不断演进，大部分并购理论致力于解释并购的动因。虽然目前学术界对于并购理论的研究并没有一个统一的分析框架，但是大部分学者的研究重点都是并购动因和并购收益。

2.1.2 并购实证研究

2.1.2.1 并购的实证研究

（1）并购的动因

除了文献综述第二部分提到的国外学者关于并购动因的研究，国内许多学者也对公司并购动因进行了实证分析。

冯根福和吴林江（2001）采用财务指标分析方法来评价上市公司并购前后的业绩变动，通过对 1994—1998 年中国上市公司并购前后的业绩检验，发现上市公司较为普遍地存在整体绩效先升后降的情况，并认为一些上市公司的并购动因可能是"投机性资产重组"，也可能是"政府干预型资产重组"，而非实质性资产重组。朱宝宪和王怡凯（2002）以 1998 年 67 家上市公司为样本分析了并购的绩效和财富效应，研究发现并购的动因多是战略性的，获得上市地位是主要的并购动力。张新（2003）分析了

1993—2002 年中国上市公司的 1216 个并购事件,看其有无创造价值。实证结果发现,并购使目标公司股票溢价达到 29.05%,而对主并公司的股东却有负面效应。理论结果发现协同效应、自大理论和代理理论等传统并购理论都具有一定解释力,并且还提出了新的理论假说——"体制因素下的价值转移与再分配"和"并购重组交易的决策机制"。张宗新和季雷(2003)从信息经济学和博弈论的角度出发,运用 Rubinstein 的讨价还价模型对公司并购活动进行了动态博弈分析,从理论和实证上论证了利益相关者的利益均衡是上市公司的并购动力。李增泉等(2005)选取1998—2001 年 416 起上市公司并购事件为样本,考察控股股东和地方政府的支持或掏空动机对上市公司绩效的影响,考虑制度因素对并购活动的影响,发现并购活动的动因之一是掏空资产。

(2) 并购的绩效与财富效应研究

从 20 世纪 60 年代开始,西方学者对企业的并购动因、并购绩效和财富效应进行了大量的研究。大部分学者发现,在并购过程中,虽然目标企业的股东获得了显著为正的超常收益,但是收购方的企业却在短期和长期都有较大的损失(Jensen,Ruback,1983;Andrade et al.,2001;Jarrell et al.,1988)。

许多学者通过事件研究法发现,并购并没有给收购方企业带来正的超常收益。Jarrell 和 Poulsen(1987)指出,虽然目标公司获得了较高的超额收益,收购方的超额收益却为负。余光和杨荣(2000),张新(2003)的研究也发现收购方在并购中的超额收益为负。另有少数学者(李善民、陈玉罡,2002)利用事件研究法发现并购存在超额收益。同样,也有许多学者利用财务指标法研究并购收益,发现并购在大部分情况下并不能改善并购方企业的经营绩效,或者呈现先升后降的特征(李善民等,2004)。如Ravenscraf 和 Scherer(1988)通过对美国企业的实证分析,发现并购方市价反而下跌。冯根福和吴林江(2001)通过分析财务数据,同样支持了Ravenscraf 和 Scherer 的结论。亦有少数学者(Healy et al. ,1992;王海等,2007)得出了与前两位学者相反的结论,认为并购能够提升绩效。

2.1.2.2 跨国并购的实证研究

(1) 跨国并购与其他投资方式的比较

企业可以选择绿地投资、联盟或者跨国并购等方式进入一国市场。现有文献主要在 Krugman 新贸易理论的基础上,比较绿地投资和跨国并购,主要研究包括 Brainard(1993),Markusen 和 Venables(1998),Mattoo等(2004)等的研究成果。

以往对内生横向并购的研究中,多数文献研究发现市场势力的获得是并购的主要动因(Kamien,Zang,1990;Nocke,2000)。Jovanovic 和Braguinsky(2004),Nocke 和 Yeaple(2007)从资源基础理论[①]的角度研究并购的动因,Nocke 和 Yeaple(2007)认为,行业的不同和企业异质性决定了企业进入别国市场的方式。Qiu(2010)发现跨国并购优于国内并购,并发现,当生产准备成本较低时,企业会选择联盟;当生产准备成本较高时,企业则会选择跨国并购。Liu 和 Zou(2008)经研究发现,跨国公司在东道

---

① 资源基础理论(resource-based perspective)以 Madhok 提出的"价值创造观"为出发点,得出企业以何种方式进入市场取决于本国企业核心资源与东道国目标资源的产业特征和相互关系,是否采取并购取决于企业的资源整合能否提高企业核心竞争力。

国的绿地投资可以促进其母国公司的创新,这种技术溢出同时存在于行业内和行业间,而跨国并购的技术溢出效应只存在于行业间。Haller (2009)分析了绿地投资和跨国并购对于东道国的竞争的影响,发现前者会加剧东道国竞争,而后者只会增加集中度。Kim(2009)研究了区域经济一体化对跨国公司进入东道国的模式选择(绿地投资或跨国并购)的影响,研究结果发现,特惠贸易政策会使企业放弃绿地投资,强化企业进行跨国并购的动机。

(2) 跨国并购动因

传统并购理论只能够解释部分跨国并购活动,而未能考虑跨国并购的特殊性。企业跨国并购考虑的因素之一是交易成本,Hijzen 等(2008)通过分析 1990—2001 年 23 家经合组织成员国的数据,发现总交易成本与跨国并购之间呈负相关系。Neary(2009)分析了 20 世纪 90 年代的实际情况,发现交易成本的下降促进了跨国并购的发展。同时,贸易政策也会影响跨国并购。Pablo(2009)通过对 1998—2004 年 868 宗拉丁美洲地区并购案例的研究,分析了宏观经济和投资者保护条件影响跨国并购的可能性。Alba 等(2009)研究发现,美国 1992 年颁布的公司治理规章制度极大地抑制了日本 20 世纪 90 年代在美国的并购活动。

(3) 跨国并购绩效

虽然西方文献中对于企业绩效评估的研究已经很丰富,但由于新兴经济体国家的跨国并购规模不大,最近几年才开始大幅上升,关于新兴国家企业跨国并购的绩效研究并不多。国内一些学者的研究发现中国企业的海外并购不符合"优势理论"(顾露露,2011)。Lecraw(1993)通过比较对外投资的公司和没有对外投资的公司,发现那些对外投资的公司在管理、出口、质量和成本方面都有大幅度提升。而 Aybar 和 Ficici(2009)的研究则发现在 433 宗新兴经济体跨国并购案例中有一半的并购有损公司绩效;Kim(2003)通过研究韩国企业案例,认为对外投资的公布确实能增加投资者财富,然而投资并没有带来明显的技术溢出效应。

许多学者如 Andrade 等(2001),Mitchell 和 Mulherin(1996)研究发现,并购绩效在一定行业中具有集聚效应,且在不同行业间差别很大。Morck 和 Yeung(1992)发现,研发密集型企业的并购能推动企业股票上涨,这说明资本市场对高科技产业的并购持正面态度。但也有学者得出相反的结论,如 Aybar 和 Ficici(2009)发现新兴经济体高科技产业并购与并购绩效是负相关的。

政治风险和文化差异是企业对外投资区域选择的重要考虑因素。Buckley 等(2009)认为,中国的对外投资与中国本身国家高风险和与投资目标国的高文化差异有关。除此之外,汇率也是重要的影响因素之一。Dewenter(1995),Cebenoyan 等(1992)研究发现,如果本币对并购目的国货币升值,则能让本国企业以更低的价格收购对方企业,提升并购绩效。然而 Pettway 等(1993)的研究结果却截然相反,他们发现汇率变动并不是决定并购绩效的有效因素,并购绩效更取决于买卖双方相应的市场力量和所并购的资产品质。

跨国并购中另一项重要的影响因素是企业管理者的素质。Martynova 和 Renneboog(2005)认为,在面临跨国并购浪潮时,企业管理者的"自大理论"和"羊群效应"行为会加剧。管理者容易在一些成功并购之后产生过度乐观心理和羊群效应而损害并购效率(Auster,Sirower,2002)。Aybar 和 Ficici(2009)也得出了类似的结论,认为新兴国家并购活动与绩效负相关,并认为对并购目标企业的不合理定价是形成这种负相关的重要因素。王培林等(2007)认为管理者应当寻求专业咨询机构的建议,避免将充足的资金浪费在低效并购上。而 Lowinski 等(2004)则指出咨询机构也会耗费并购方大笔费用,如果咨询公司选择不当,也会发生并购失败的案例。

顾露露和 Reed(2011)采用市场模型、FF3FM 模型以及事件研究法,评估了 1994—2009 年中国 157 个企业的跨国并购绩效,发现中国企业跨国并购整体取得非负的超常回报率,说明了中国政府"走出去"战略的确起到了正向作用,并且发现中国能源产业在跨国并购中取得了 3 年期的超常回报,并得出中国企业跨国并购的成功得益于人民币升值。邵新建等(2012)通过对不同战略目标的中国企业跨国并购绩效进行分析,也发现中国企业总体上都获得了较高的累计异常收益率。

2.2　影响跨国并购成败的因素

根据汤姆森金融公司(Thomson Financial)全球并购数据库的数据,全球有 30% 的并购意向未能成功实现,而中国企业在跨国并购过程中的交易成功率仅有 51%,49% 的收购意向未能实现。中国企业跨国并购失败的原因具体到个案上多种多样,然而由于特殊的制度条件和发展历史,中国企业在跨国并购中的表现以及面临的挑战也有许多区别于西方企业的地方。现有文献主要集中于并购的动因,以及并购之后的绩效,而对于影响并购成功完成的因素研究比较少(Hotchkiss et al.,2005),仅有部分文献从下列几个层面探讨了中国企业跨国并购成功率低的原因以及影响因素。

2.2.1　宏观层面因素

2.2.1.1　制度环境

制度环境是跨国并购的重要影响因素。在企业跨国并购行为中,制度会影响跨国企业战略的选择(Peng et al,2008,2009;Xu,Shenkar,2002)和实施(Kostova,Zaheer,1999),且出于各种非市场的制度因素的考虑,目标企业所在国的审批机构会阻止并购的进行(Bittlingmayer,Hazlett,2000),阻碍企业成功并购(Antkiewcz,Whalley,2007;Li,Xia,2008;Kostova,Roth,2002)。Dikova 等(2010)的实证研究发现,并购企业与目标企业所在国的制度差异程度与跨国并购的成功率呈反比关系,并且两国制度差异越大,交易的复杂性越高,交易所需的时间越长。

国内基于制度层面对企业跨国并购问题的研究,主要集中于考察由于制度差异引起的并购后的文化整合对企业并购绩效的影响(阎大颖,2009)及对企业跨国并购成功率的影响(胡彦宇,吴之雄,2011)。阎大颖(2011)对截至 2010 年中国企业案例进行实证研究发现,正式和非正式制度差异与中国企业跨国并购成功率呈负相关。胡彦宇和吴之雄(2011)指出,正式制度会通过产业保护等方式影响中国企业跨国并购,而非正式制度会影响企业跨国并购的成功率。

此外,还有少数学者从制度约束角度出发,分析了我国企业跨国并购中遇到的政治障碍(张建红,周朝鸿,2010)。韦军亮和陈漓高(2009)指出,东道国的政治敌意成为中国企业成功实现跨国并购的最大外部障碍,如近年中海油集团并购优尼科公司的失败与东道国的政治环境密切相关。张建红等(2010)通过对1324余宗跨国并购案例的实证研究发现,并购企业双方政治和体制方面的差异是中国企业跨国收购成功率低的主要原因之一。

2.2.1.2　文化差异性

关于非正式制度(informal institution)对企业并购绩效的研究,主要集中在文化差异及文化整合对企业绩效的影响上(Inkpen,2000)。多数研究发现,文化作为非成文规定的非正式制度,对企业跨国并购绩效有显著的影响。依据组织学习理论,并购双方的文化差异会影响并购后的整合效果,漠视文化整合或文化整合不力是导致企业并购失败的重要原因(Kitching,1967;Shrallow,1985),良好的文化整合是企业并购成功的关键(Birkinshaw et al.,2000),因为文化整合带来的文化协同效应能够增加企业并购绩效(赛罗沃,2001)。所以,良好的文化整合可以有效化解文化冲突、降低文化差异带来的并购风险,是企业并购成功的关键因素(Malekzadh,Nahavandi,1990;Habeck et al.,2001)。

鉴于文化整合是其他整合的基础和纽带,国内对企业文化差异及并购后文化整合对企业并购绩效的研究尤为广泛。从研究内容上看,国内关于企业文化整合的研究包括:企业文化整合内涵的探讨;文化整合模式的研究(范征,2000);文化整合影响因素的研究(刘增武,2006);文化整合与并购绩效关系的研究(张立涛,于秀艳,2011)等。

文化意识也是影响跨国并购成功率的重要因素,对并购中的不匹配问题有重要作用(Weber et al.,1996)。上述文献主要研究并购之后的整合,而对于并购之前的研究较少。张建红等(2010)认为,并购企业在文化差异小的目标国更容易搜集目标企业的信息,并且文化差异小的国家拥有相似的商业理念,并购成功率更高。因此他衡量了中国与并购目标国之间的文化差异,并实证检验了文化差异与中国跨国并购成功率之间的关系,却发现文化差异的影响为负,这与他的假设(在其他条件相同的情况下,中国企业对文化相似国家的跨国并购成功率较高)相反。这一结果与直观不甚相符,因此对于文化差异和并购成功率之间的关系还需进一步研究。

2.2.1.3 经济关联度

Dunning 等(2001)提出投资发展路径理论,企业"走出去"的第一步通常是出口,随着出口成本的上升和国外市场的不断扩张,开始进行对外投资,其中跨国并购是最重要的途径之一。研究经济关联度与并购成功率之间关系的文献很少。张建红等(2010)认为,中国的跨国并购在出口强度大的国家比较容易成功,指出"两国的经济融入首先从双边贸易开始,当双边贸易发展到一定程度,出口企业对进口国的市场比较了解,而进口国对出口国的产品也比较认可,于是投资开始增加"。他们在对中国跨国并购的实证研究中也发现了出口强度对中国跨国并购的成功率有正向关系。

2.2.1.4 政治影响

政治影响被认为是发展中国家"走出去"过程中遇到的主要制度障碍之一(Child,Rodrigus,2005;Morck et al.,2008;Yamakawa et al.,2008)。Deng(2009)认为,中国独特的制度环境促使许多中国公司通过跨国并购来获取战略性资源资产。Sleuwaegen 等(1998)和 Coeurdacier 等(2009)的研究表明,两国间的政治差异是影响企业并购的重要因素,Maria 等(2013)发现,政治差异是导致欧盟成员国与其邻近国之间的企业并购失败的关键因素。Athreye 和 Kapur(2009)通过分析印度和中国的跨国并购情况,发现由于在中国企业跨国并购中国有企业占主导地位,外国机构经常以"国家安全"为由加以阻碍,降低了中国企业跨国并购的成功率。Zhang 等(2010)对中国 1982—2009 年发生的 1324 宗以混合方式进行的跨国并购案例进行了研究,发现中国企业跨国并购高失败率的原因有三:①目标国家制度质量差;②目标行业对"国家安全"非常敏感;③收购公司是一家国有企业。

通常当企业宣布收购意向之后,企业内外会对并购产生不同的反应,这些反应很大程度上影响了并购的成功率(Luo,2005)。同时并购也需要通过相应机构的审批,法律赋予这些权力机构有权叫停某些并购。因此对政治影响研究的另一条线索是对并购政策制定者采用的标准的探讨。

一个国家的在任政府在对一项并购提议进行评估的时候通常要权衡两个因素:并购会增加企业的市场势力,但是也会创造效率。一项并购提议是否应该被批准取决于对这两种效应的权衡(Williamson,1968)。在大部分研究水平并购的文献中，只有当并购能够提高总剩余（生产者剩余加上消费者剩余）或者消费者剩余，一项并购才能被通过，这也是反垄断机构通常采用的标准（Farrell，Shapiro，1990；McAfee，Williams，1992）。Farrell 和 Shapiro（1990）建立了一个一般均衡分析框架，在古诺寡头竞争框架下分析并购对于消费者以及竞争对手的影响。他们在评估并购时考虑消费者和竞争对手的联合福利效应，因此当并购中一家企业有相对较高的边际成本时，并购就会被批准，尽管并购会给消费者带来负效应。关于并购政策的最优标准的研究并不多，Besanko 和 Spulber（1993）发现反垄断机构不能直接观察到并购效率，而企业可以获得这个信息并以此来决定是否进行并购，因此在福利标准选择时应该赋予消费者剩余更高的权重来抵消信息不对称的消极后果。Lyons（2003），Armstrong 和 Vickers（2010），Nocke 和 Whinston（2010），以及 Ottaviani 和 Wickelgren（2009）等学者研究了并购效率、并购选择与并购控制政策之间的关系。他们认为，当并购企业面临不同的潜在并购选择时会综合考虑并购可能产生的效率、并购对消费者福利和社会总福利的影响，并根据反垄断当局的政策偏好和所采用的福利标准在不同并购之间进行选择。因而，反垄断当局选择反垄断控制决策的规则十分重要，它能够对并购产生导向作用。

不同于以上学者的消费者剩余标准，也有一些学者认为社会总福利标准更加科学。比如 Farrell 和 Katz（2006）认为，一些虽然降低了消费者福利但是可以增加社会总福利的并购应该被批准，且用实证数据支持了他们的观点，并指出在司法实践中社会福利标准更加适用。Renckens

(2006)认为,在同时考虑执法成本和政策偏好的情况下应该选择社会福利标准;Nocke 和 Whinston(2010)研究了反垄断机构对于横向并购的最优动态政策,认为最大化预期消费者福利是短视的行为,反垄断机构可以通过社会福利标准动态优化其反垄断政策。

纵观现有文献,可知政治障碍是影响企业实现成功跨国并购的重要因素之一,对中国而言尤其如此。但现有文献还没有针对政治障碍提出如何解决的理论框架。

2.2.2　微观层面因素

2.2.2.1　企业所有制形式

跨国并购中,企业所有制包括两方面:一是收购企业的所有制;二是被收购企业的所有制。

对于收购企业而言,国有企业的实力比较雄厚,同时拥有政府在财力上的支持,在并购市场上比较有竞争力(方军雄,2008)。但是,目标国政府对国有企业的敏感态度在很大程度上会影响跨国并购的成败。中海油未能成功收购优尼科,以及五矿集团收购加拿大矿业公司诺兰达失败就是典型的例子。另外,西方国家对中国国有企业透明度持负面态度,认为国有企业的并购并不是简单的商业并购,背后往往有中国政府的意志(Antkiewicz,Whalley,2007;Li,Xia,2008)。张建红等(2010)的实证检验也发现国有企业收购者与并购成功率之间是负相关的关系,而私营企业收购者则是正相关的关系。

而对于被收购企业来说,国有企业涉及政治背景和目标(Shleifer,

Visnhy,1994;Nellis,1994),不确定性较大,因此并购成功的可能性较小。相比较而言,收购私营企业遇到的非市场障碍要小得多。张建红等(2010)对被收购企业的所有制形式与并购成功率进行了实证检验,结论证实了以上观点。

2.2.2.2　收购企业的跨国并购经验

Vermeulen 和 Barkema(2001)认为,并购方企业可以将过去的并购经验运用到并购目标筛选及并购后整合中;也有学者通过实证研究发现企业丰富的并购经验可以提高并购绩效(Fowler,Schmidt,1989;Sampson,2005);然而 Hayward(2002)以及 Zollo 和 Singh(2004)并没有发现两者之间有显著关系,他们认为并购经验并不能照搬到新的并购中,否则可能会产生负效应。关于并购经验与并购绩效关系的研究文献不多,Dikova 等(2010)认为,并购经验在服务行业中是十分有利的,能提高并购的绩效。国内学者张建红等(2010)也在实证研究中发现以往成功的并购经验对中国企业的跨国并购有很大的帮助。

2.2.2.3　目标企业的技术含量

获取国外企业的技术是中国企业进行跨国并购的重要动机之一(Deng,2009),因此需要研究并购企业与被并购企业的技术差距对并购结果的影响。张建红等(2010)认为,企业之间的技术差距可能从以下两个方面影响并购成功率:一是并购企业由于与被并购企业之间技术差距过大,并购后整合困难,放弃并购;二是并购发生的高技术行业可能受到国际安全问题等非经济因素的影响。然而他在实证研究中却没能证实技术差距对并购成功率有显著的负向效应。原因之一可能是技术差距带来的福利效应让并购政策决策者产生了一些偏好,导致了技术差距对并购成功率的负面影响不明显。因此,这个问题还需进一步研究。

2.3 跨国并购政治经济学

2.3.1 国际贸易政治经济学理论研究

自 20 世纪 90 年代以来,国际贸易的政治经济学是主流经济学界热门的研究课题之一。国际贸易政治大体上研究两个方面:贸易选举说和贸易政策支持说。贸易选举说是指选民或利益集团帮助其偏好的政党赢得选举,使政党在当选之后制定对其有利的贸易政策;而贸易政策支持说是指利益集团通过游说活动影响在位政府选择有利于它们的贸易政策。

贸易选举说的代表文献有 Downs(1957),Wittman(1983),Austin 和 Smith(1987),Baron(1994),Grossman 和 Helpman(1996),Roemer(1994,2003)等。

Downs(1957)第一个将 Hotelling(1929)的空间均衡模型运用到政治经济建模中,他的模型描述了两个政党的竞争,并假设政党参政的唯一动机是当权执政,且当选的政党会履行它对选民的承诺。他发现只有在选民的效用函数有单峰的情况下,才存在单一的纳什均衡,也就是两党都宣布同样的政策,而这个政策恰好是选民偏好的。Wittman(1983)提出了另一个模型来描述两党的竞争,不同于 Downs(1957),他考虑的主要是政党的意识形态,即政党在多个政策中具有偏好。政党的目标仍然是赢得竞选,在此假设下他得出与Downs(1957)一致的结论,也就是存在单一的满足选民偏好的政策选择。Roemer(1994)对Wittman(1983)的模型进行了进一步的研究与扩展。他假设政党只能对选民的政策偏好进行估计,而不能确切地知道这个偏好,他证明了如果政党的目标函数中当选效用的比例不大时,两党选择的政策可能会偏离选民的政策偏好。

另一些学者将研究重点放在利益集团对政党的游说活动上。这些文献包括Austin和Smith(1987),Baron(1994),Grossman和Helpman(1996)。Austin和Smith(1987)为了消除或者降低一些风险规避型选民的不确定性,采用了游说的方式。Baron(1994)构建的模型中假设竞选者通过选择有利于特殊利益集团的政策来吸引游说资金,并把这些资金用来赢得那些不确定选民的投票。Grossman和Helpman(1996)的模型假设特殊利益集团可以影响政党的政策选择,他假设政党的目标函数是社会总福利和特殊利益集团福利的加权平均。在此设定下,有希望赢得大多数席位的政党更加迎合特殊利益集团的要求。Roemer(2003)假设每个选民都是潜在的游说者,并且将从确定选民中得来的游说资金用于赢得不确定选民,他得出了一个同时决定政党成员、选民捐献和政党政策的政治均衡。

经济学家普遍认为理论上最有利的贸易政策是自由贸易,然而现实中没有一个国家采用完全的自由贸易政策。现实对理论的违背催生了贸易政策支持说的研究。Schattschneider是这个领域的先行者。他在1935年所著的《政治、压力和关税》一书中描述了进口保护来源与各种特殊利益的联合力量的需求。随后 Stigler(1971),Peltzman(1976)对施压集团进行了模型构建,分析了压力集团寻求政治支持的动机及其对价格管制的影响。他们发现,一个特定部门的产品价格是政府最大化其政治支持函数后确定的。Hillman(1982)提出了得出最优关税的方法,他认为最优关税是政府在权衡政治支持和消费者的不满之后确定的。之后,贸易政策支持说涌现了大量经典文献,包括 Findlay 和 Wellisz(1982),Feenstra 和 Bhagwati(1989),Hillman(1989),Mayer(1984),Van Long 和 Vousden(1991),Magee 等(1989),Grossman 和 Helpman(1994)。

Findlay 和 Wellisz(1982),Feenstra 和 Bhagwati(1989)相继提出了关税构成函数,研究了利益集团通过游说向政府部门谋求对自己有利的贸易政策,两者的不同在于,Findlay 和 Wellisz(1982)在关税构成函数中只有劳动力一种要素,而 Feenstra 和 Bhagwati(1989)的模型中包含资本和劳动力两种要素。这个模型的缺陷在于它对于"保护"的供给方的描述完全是一个"黑匣子",也就是说没有明确给出政党的偏好函数。Hillman(1989)的模型假设政策制定者既考虑特定利益集团的游说资金,也考虑限制贸易的效率后果。这个框架被用于研究许多问题,比如衰退产业保护(Hillman et al.,1995)和双边贸易让步(Hillman、Moser,1995)。Van Long 和 Vousden(1991)在一般均衡框架下对 Hillman 的模型做了进一步扩展,他们假设政治支持取决于不同部门利益团体的收入水平,得出了与 Hillman 一致的结论。这个模型明确给出了政策制定者的目标函数,但是对利益集团向政策制定者谋求政策偏向的行为描述不明确。Mayer(1984)的中间选民模型的设定是直接民主,他假设关税是由民众直接投票确定的。通过 Heckscher-Ohlin 模型,他发现每个要素所有者都有一个最优关税水平,这个水平是由每个人的要素所有权唯一决定的。Mayer的模型的优点是解决了游说竞争模型中的"黑匣子"问题,直接民主的假设极大地简化了制度设定,避免了许多通常模型中需要考虑的细节。然而,这个模型的现实意义不大,因为在现实世界中,贸易政策从来都不是由大多数投票决定的。Magee 等(1989)发展的 MBY 模型在标准的2×2 Heckscher-Ohlin模型中加入了两个游说者和两个政党,其中一个政党倾向于自由贸易,另一个政党则倾向于贸易保护,每个游说者代表生产中的一个要素(资本或者劳动力),并给其中一个政党提供游说资金。每个政党当选的概率随着竞选资金的增加而增加,但随其承诺的政策干预程度的增加而减小。然而这个模型的缺点在于它人为地限制了政党的纲领,并且它使用的概率投票缺乏理性投票的基础。Mayer 和 Li(1994)在 Magee 等(1989)的 MBY 模型基础上进一步发展,引入了双向不确定性:投票人不能确切了解两个政党的偏好,两个政党反过来也不知道投票人的一部分偏好。他们同样允许两个政党自由选择政策。通过这样的假设,两个游说者是否游说相同的政党就是不确定的。

在贸易政策支持说的文献中,Grossman 和 Helpman(1994)的"Protection for Sale"模型被广为接受。模型假定在任政府不仅关注社会总福利,也关心来自各方利益集团的游说资金。利益集团只捐献给在任政府,以获得偏向性的贸易政策,他们并不关心竞选的结果。这个模型被广为接受的原因是它允许在统一框架中内生选择政策,而且结论可以被估算,因此可以运用到实证检验中。然而,这个模型也有其不足之处,Austin

和 Smith(1991)曾对 MBY 模型提出质疑,他们认为一些国家不允许用金钱进行游说活动,因此在建模中游说应该采取信息传播的方式进行。而 Grossman 和 Helpman(1994)的模型只能解释一部分采取现金捐献的游说活动。另外,该模型的一大缺陷是没有考虑到政党竞争。最后,Rodrik (1995)指出他们的模型仍然不能解释为什么贸易政策总是不利于贸易。为了回应这些批评,特别是政治竞争的批评,Grossman 和 Helpman (1996)发表了另一篇论文《选举竞争和特殊利益集团》("Electoral competition and special interest politics"),研究了选举竞争。不过这篇文章的假定是基于大国的假设,余森杰(2007)保留了小国假定,将政治竞争引入 Grossman 和 Helpman(1994)的模型中,发现在考虑政治竞争后,逆向的 Ramsey 规则仍然成立。他还将模型扩展到两个双边贸易国家,每个国家都对政府有游说活动,结果发现,Grossman 和 Helpman(2004)中的最优关税结构仍然成立。

由于下文将使用 Grossman 和 Helpman(1994)的模型,并对它进行扩展,下面详细介绍游说竞争模型。

2.3.1.1　选民

模型中的民主制设定让所有公民都具有投票权,并且对国家中的政党有完全信息。此外,选民可以自行组织起来进行游说以影响贸易政策,当然也可以选择不游说。假设消费者效用是可加可分的,每个公民会在他的预算约束内最大化他的效用函数:

$$\max_{x_0, x_1, \cdots, x_H} U = x_0 + \sum_{i=1}^{H} u_i(x_i)$$

其中，x_0 是计价产品，它在国内和国外的价格都是 1。子效用函数是可微的增函数，有严格凹性。预算约束函数为：

$$x_0 + \sum_{i=1}^{H} (p_i \cdot x_i) = E$$

其中，E 表示总收入，p_i 表示每个产品 i 的国内相对价格。求解最大化问题得到一阶条件：

$$\max_{x_0, x_1, \cdots, x_H} U = E - \sum_{i=1}^{H} (p_i \cdot x_i) + \sum_{i=1}^{H} u_i(x_i)$$

$$(\text{F.O.C}) \quad p_i = u'_i(x_i)$$

其中，需求函数是 $u'_i(x_i)$ 的逆函数，将非计价产品的价格表示为 $P = (p_1, p_2, \cdots, p_H)$，就可以得到间接效用函数 $V(P)$ 和消费者剩余函数 $CS(P)$：

$$V(P) = E + CS(P)$$

$$CS(P) = \sum_{i=1}^{H} u_i(x_i) - \sum_{i=1}^{H} (p_i \cdot x_i)$$

2.3.1.2 消费和生产

考虑一个小国，它面对 $H+1$ 种最终产品，世界价格是固定的。产品是计价产品，且计价产品 X_0 只需要劳动力一种要素生产，规模报酬不变，劳动力在国家之间不能自由流动。根据市场出清条件，几家产品的需求等于供给，也就是 $X_0 = l$。为了保证工资均等，假设总的劳动供给足够多，保证计价产品的产量大于零。另外，生产一种非计价产品需要 l 个劳动力和另外一种特定要素 T_i，假设非计价产品也是规模报酬不变，特定要素在国家之间可自由流动。则可以用 $X_i = F(l, T_i)$ 来表示它们的关系。假定生产函数 $F(\cdot)$ 规模报酬不变，每个要素的边际报酬递减。根据

Hotelling 定理,非计价产品的供给量为:

$$y_j = \pi'_j(p_j)$$

由于价格的利润函数是凸函数,因此 $\pi''_j(p_j) > 0$。模型将人口定义为 1 单位的个体,每个个体非弹性的劳动供给为 l 单位。

接下来讨论包含游说资金的福利 W_i。福利通常包括消费者剩余、要素收入和采用偏好的贸易政策所带来的关税收入(也就是政策租)。前文中已经给出了消费者剩余的表述。模型中将本国的禀赋定义为不同的向量集 $\overline{T} = [\overline{T}_1, \overline{T}_2, \cdots, \overline{T}_n]$,因此要素收入就是 $l_i + \pi_i(p_i)$。关于政策租,模型假设贸易政策的工具只有进口关税和出口补贴,而且关税是从价税。在此假定下,可以得出国内相对价格和世界相对价格之间的关系:

$$p_i = \tau_i \cdot p_i^w = (1 + t_i) \cdot p_i^w$$

可以得到 $\dfrac{\mathrm{d}p_i}{\mathrm{d}t} > 0$,也就是说如果世界相对价格是固定的,并且是由其他国家决定的,那么关税越高,本国相对于世界的价格就越高。关税收入可以表示为:

$$TR(p) = \sum_{i \in \Theta} (p_i - p_i^w) \cdot m_i(p)$$

其中,产品 i 的进口量为 $m_i(p) = x_i(p) - y_i(p)$,也就是说,在开放小国中,总需求是国内产量与从国外进口的量之和。

总结上面的几项,得出包括游说资金总量的福利函数:

$$W_i(p) = \alpha_i [CS(p) + TR(p)] + l_i + \pi_i(p)$$

其中,α_i 是利益集团 i 所需的特定要素投入的人口比例。社会总福利是各个利益集团福利之和,若给定 $\sum \alpha_i = 1$,社会总福利函数为:

$$W(p) = [CS(p) + TR(p)] + l + \sum \pi_i(p)$$

2.3.1.3　游说活动与政府

用 H_i 表示游说集团 i 的代表人数,就可以用 $\alpha_\Theta \equiv \sum_{i \in \Theta} \alpha_i \leqslant 1$ 来表示

国内选民中拥有特定要素的人群的比例,其中 $\Theta \in [1, \cdots, H]$,游说集团

的效用函数表示为:

$$V_i(p) = W_i(p) - C_i(p)$$

其中,$V_i(p)$ 表示利益集团 i 的所有成员的总福利,$W_i(p)$ 是包括游说资

金在内的总福利,$C_i(p)$ 是游说资金。

现在我们来定义政府的福利函数。模型假定政府的目标函数不仅包

括社会总福利,也包括政府获得的游说资金。假设政府目标函数是线

性的:

$$\psi(p) = \beta_1 W(p) + \beta_2 C(p)$$

其中,β_1,β_2 表示在任政府的政治偏好,β_2 越大,政府对游说资金的看重程

度越高。

以上描述了 Grossman 和 Helpman(1994) 模型的基本设定,接下来

需要解这个非合作博弈,他们采用了 Bernheim 和 Whinston(1986) 共同

代理人模型中的"菜单拍卖"(menu auction) 来求解均衡结果。在

Grossman 和 Helpman(1994) 的模型中,政府是共同代理人,而多个特殊

利益集团是委托人。

经过运算求解,得出最优均衡关税为:

$$\tau_i^o = \frac{(\xi_i - \alpha_\Theta) y_i}{-(a + \alpha_\Theta) P_i^w m'_i(P^o)}$$

其中，ξ_i 是新引入的指示变量，它取 0 时表示游说集团是有组织的，取 1 时表示无组织。

Grossman 和 Helpman(1994)的主要结论认为有组织的游说可以得到更多的政策保护，进口弹性较低的行业更容易得到贸易保护，而贸易保护的结构直观反映了政治支持的竞争结果。

2.3.2　国际贸易政治经济学实证研究

Mayer(1984)将中间选民定理推广到开放经济研究中，发现一个国家在相对要素禀赋不变的情况下，随着不平等程度的增加，资本密集型的国家会增加贸易保护，而劳动密集型的国家则会降低贸易壁垒。Dutt 和 Mitra(2002)使用了不平等、资本密集度和各种贸易保护指标，利用跨国壁垒变动的数据检验了中间选民理论。他们在测度不平等程度时用了两种测度方法：基尼系数和中间选民收入占国民人均收入的比重。Dutt 和 Mitra(2002)的实证结果证实了中间选民理论，并发现，在保持其他条件不变的情况下，不平等的加剧会增加资本密集型国家的贸易壁垒和资本稀缺国家的贸易开放度。他们的实证检验首次揭示了贸易保护和不平等之间稳健的实证关系，在贸易保护方面提供了跨国实证研究。

Grossman 和 Helpman(1994)的理论模型有以下推论：①有利益集团组织的行业贸易保护较高，进口弹性小的行业贸易保护也较高；②在有利益集团组织的行业中，进口渗透率高的行业贸易保护较高，而在没有利益集团组织的行业中，贸易保护会随着进口渗透率的增大而加强。Maggi 和 Goldberg(1999)运用 1985 年美国的微观数据检验了以上两个推论，并在此基础上估计了模型的结构参数,分析了美国政府目标函数中对于利益集团和社会福利的权重。该文的实证结果符合 Grossman 和 Helpman(1994)的理论,并且得出美国政府更加看重民众福利的结论。Gawande 和 Bandyopadhyay(2000)利用美国非关税壁垒的横截面数据对此理论也进行了验证,并且实证结果与理论一致。

国际贸易的政治经济学在建模上十分优美,在西方国家的实证检验中也得到了验证,然而,中国与西方国家存在较大差异,因此将国际贸易政治经济学模型应用于中国是非常有难度的。但 Branstetter 和 Feentra(2002)做到了这一点,他们对 Grossman 和 Helpman (1996)的模型进行了修改,得到了一个可用于估算的政府目标函数,他们把中国贸易政策的演变视为贸易与外商投资的增加与国有企业份额的减少这样一个此消彼长的过程,并且他们采用中国1984—1995年省际水平的 FDI 和贸易流面板数据进行了估计,发现当时中国政府赋予消费者的权重远低于其赋予国有企业的权重。

2.3.3 跨国并购的政治经济学分析

目前将国际贸易政治经济学应用于跨国并购研究的文献不多,主要有两篇:Neven 和 Röller(2005)首次将政治经济学分析框架引入并购政策分析中,他们发现当游说有效率、问责制较弱而且并购规模的边际利润很高时,消费者剩余标准优于社会福利标准,因为游说集团的游说活动让企业有影响反垄断机构决策的优势,因此在标准选择时应该更倾向于消费者利益。另一篇文献来自 Motta 和 Ruta(2012),他们也在政治经济学

的研究框架中研究了封闭和开放条件下的并购政策,他们假定并购政策
是由反垄断机构决定的,但是政策可以被政府所影响,其中反垄断机构的
目标函数是社会福利函数,而政府的目标函数是来自公司的游说。他们
的研究解释了现实中反垄断机构和政府关于并购政策的冲突。

这两篇文献首次将政治经济学分析方法运用到并购政策的研究中,
然而前者的研究重点是并购政策中政策标准的选择,后者的研究重点则
是并购决策者之间的交互行为与并购政策的关系。两篇文章都没能解释
为何许多企业因为政治因素并购失败,怎样的企业容易在并购中成功,以
及政治经济框架下并购受到哪些因素的影响。

2.4   小   结

2.4.1   文献评述

自 19 世纪 20 年代以来,跨国并购越来越盛行,对于跨国并购的研究
大体有三条主线:一是对跨国并购动因的研究;二是对跨国并购的绩效和
财富效应的研究;三是对跨国并购过程的研究,如并购策略的选择、跨国
并购的影响因素、跨国并购的政策选择等。现有理论(如效率理论、代理
理论、自大理论以及市场势力理论等)都不能完全解释跨国并购的动因,
对于跨国并购动因的研究越来越多样化,比如战略性并购成为许多公司
的并购驱动因素。关于并购绩效的研究文献也是汗牛充栋,大部分文献

都得出了主并公司的超常收益要远低于目标公司的超常收益,有时甚至为负的结论。而现有文献对于影响跨国并购成功率的因素分析多是从企业微观角度分析,少有文献考虑宏观因素,特别是政治因素对并购成功率的影响。纵观现有文献,主要有以下几个方面的不足。

第一,对跨国并购的研究主要集中在跨国并购的动机及绩效上,少有文献研究跨国并购成败的影响因素,特别是没有考虑到宏观层面,比如政治因素的影响,也有少数文献从正式制度或者非正式制度来分析其对跨国并购的影响,然而却鲜有文献从理论上分析政治因素影响跨国并购的理论机理。

第二,在分析跨国并购成败影响因素的文献中,分析对象主要为发达国家,由于发展中国家具有特殊的制度和发展阶段,因此对于发展中国家(比如中国)的研究相对较少。另外,现有文献的分析对象多是上市公司的并购活动,而中国跨国并购的企业中上市公司比重不到 5%,[①]因此现有文献的研究结果对中国不具有适用性。

第三,虽然现有文献中有提到企业在并购中的战略交互,但是几乎没有文献考虑企业在政治经济背景下的战略交互。许多文献研究了政治因素对跨国并购的影响,却没能给出跨越政治障碍的具体解决方案。

第四,在近年的并购前沿理论中,并购政策的分析多是决策者应当采取哪种标准来批准或者拒绝一项并购提议,没有研究企业对并购政策的反应。

---

① 数据来自 Zephyr 并购数据库。

2.4.2　研究展望

通过对已有文献的总结与梳理,可以发现,学者们对并购动因的研究以及并购绩效的实证检验已经进行了多方面的分析与探讨,但是关于并购过程这个领域的研究还不多,特别是对跨国并购中政治因素的理论与实证研究十分缺乏。针对这些情况,本书拟在具体研究中就以下问题进行探讨。

第一,当企业进行跨国并购时,外国企业(如中国的企业)对母国政府(如美国政府)的游说行为在跨国并购中起到怎样的作用? 外国企业如何通过游说跨越跨国并购的政治障碍?

第二,母国政府的政治倾向(对游说资金的看重程度)如何影响外国企业并购的有效性,从而影响跨国并购的成功率?

第三,跨国并购的成功率受哪些因素影响? 企业的所有权结构、贸易自由化程度以及市场集中度如何通过影响外国公司的游说效率来影响跨国并购的成功率?

3

企业游说影响跨国并购的
内在机理分析

3.1 引言和文献回顾

在过去几十年中,全世界范围内发生了大量的跨国并购。进入 21 世纪以来,作为世界第二大经济体的中国,在世界并购市场上也逐渐活跃起来。仅 2015 年,中国本土企业就完成了 407 起跨国并购,总并购额度高达 501.53 亿美元。中国企业在各个行业的跨国并购成功案例不胜枚举,例如,2001 年,万向集团成功收购美国纳斯达克上市公司 UAI(Universal Automotive Industries INC.)21%的股份;2008 年,中联重科以 2.71 亿欧元并购了全球混凝土机械行业排行第三的意大利 CIFA;2010 年,吉利控股集团并购了福特旗下的沃尔沃(Volvo);2011 年,海南航空收购通用电气旗下的全球第五大集装箱租赁公司(GESeaCo)等。然而,在中国企业走出去的道路中也不乏失败的案例,比如中海油竞购全球第九大石油公司优尼科(Unocal),被美国政府以中海油的国有背景和并购"威胁国家安全"为由阻止;在美国有同样遭遇的还有华为、海尔、三一集团以及金沙江等中国企业。同时,由于美国游说政治的盛行,大公司的对外投资和跨国并购也经常伴随着频繁的游说活动。近年来许多中国企业也开始加入到游说美国政府的行列中,如联想、中海油和万向集团等中国企业最近几年的游说十分频繁。在美国的跨国并购中,游说是十分关键的一环,也切实影响着政府的决策行动。并购方常希望通过积极有效的游说来影响政府对跨国并购的态度和政策。

在本章中,笔者希望回答以下几个问题:①外国企业(例如中国企业)的游说能否影响、如何影响母国政府(例如美国政府)对跨国并购的态度和政策? ②母国政府对待外国企业游说的态度,或者外国企业的游说效率如何影响母国政府的跨国并购决策? ③母国政府的目标函数(包含三种情况:只考虑社会福利、只考虑游说资金以及同时考虑社会福利和游说资金)如何影响跨国并购政策?

学术界已经有大量研究私营企业之间水平并购决策的文献(如 Marjit et al. ,2000;Min,Nagano,2008)。Farrell 和 Shapiro(1990)发现在充足的条件下,两家私营企业的并购能够增加一国的社会福利。Barcena-Ruiz 和 Garzon(2003)分析了私营企业和国有企业的并购决策,发现两种企业的并购决策取决于其生产产品之间的替代弹性和并购后企业的国有份额。Barros 和 Cabral(1994)将 Farrell 和 Shapiro(1990)的经典模型扩展到了开放经济框架,随后学术界涌现出了许多关于跨国并购的研究(Fjell,pal,1996;Long,Vousden,1995;Head,Ries,1997;Zhang,Chen,2003)。不过在前人的文献中,少有分析母国政府区别对待外国企业游说对跨国并购的影响,这是本章研究的重点。

在 Neven 和 Röller(2005),以及 Motta 和 Ruta(2012)模型的基础上,本章构造了一个相似的政治经济框架来分析母国政府的跨国并购决策,并通过对母国目标函数的修改,研究母国政府区别对待来自母国和外国企业的游说是如何影响最终的并购决策的。

另外,自 Grossman 和 Helpman(1994)的经典文献发表以来,学术界研究母国企业游说行为的文献大量涌现。本章采用的方法来自于 Bernheim 和 Whinston(1986)及 Dixit 等(1997),他们构造了一个经典的共同代理人均衡模型。这个模型和方法已经被大量应用于母国企业游说如何影响贸易政策的研究中。Neven 和 Röller(2005)将此政治经济框架应用于研究并购政策中,他们在政治经济环境中,分析了在何种情况下母国政府采用消费者剩余标准得到的社会福利,比社会福利标准下的母国社会福利要高。同时本章的模型与 Motta 和 Ruta(2012)的工作也十分相关,他们在政治经济框架下分析了跨国并购政策。然而,我们的研究各有重点,他们主要研究了不同机构之间的关系(如反垄断机构和政府)如何影响并购政策。而本章的研究重点则是分析母国政府对待国内外企业游说的不同态度如何影响并购决策。①

本章在 Grossman 和 Helpman(1994)"Protection for Sale"模型基础上,对政府的目标函数进行了修改,以符合现实中政府对国内外游说者态度不同的情境,揭示了政府对外国游说者的"歧视"影响跨国并购成功率的内在机理。笔者构建了一个游说竞争模型:假设一个行业中有三家私营企业:企业 1、企业 2 和企业 3。其中企业 1 是外国企业,企业 2 和企业 3 位于母国,三家企业在母国市场上竞争。另外,母国有一个自利的政府,它在做出跨国并购决策时,不仅要考虑母国的社会福利,也要考虑来自利益集团(母国企业和外国企业)的游说资金。

---

① 对于外国游说影响贸易政策的实证研究也支持本文的结论。Mitchell(1995)发现,1987 年到 1988 年之间,外国游说者的游说资金占总额的 5.6%;而 Kee 等(2007)发现外国游说是影响美国市场准入的重要力量;Silva(2011)的实证结果也显示拉美国家出口企业的游说和美国进口企业的游说在决定美国市场准入中扮演着重要的角色。

3.2 基本模型设定

3.2.1 经济环境设定

本章将构建一个政治经济模型来研究母国和外国企业的游说对跨国并购政策的影响。假设世界上有两个国家,分别用 H 和 F 表示,三家企业,分别用企业 1、企业 2 和企业 3 表示。企业 1 位于 F 国,而企业 2 和企业 3 位于 H 国[①],三家企业在母国市场上竞争。[②] 假设每个企业的边际成本为 c ($\frac{1}{5} < c < \frac{1}{2}$),这保证了即使局内人(并购后的企业)获得最高并购效率,局外人也不会退出市场,同时保证了跨国并购将降低母国市场上的价格。

假设 H 国的总人口为 1,则可将一个代表性消费者的效用函数定义如下

$$U(q_1^N, q_2^N, q_3^N) = (q_1^N + q_2^N + q_3^N) - \frac{1}{2}(q_1^N + q_2^N + q_3^N)^2 \qquad (3\text{-}1)$$

其中,$q_i^N (i=1, 2, 3)$表示企业 i 的产出,上标 N 表示没有发生并购的

---

① 下文中将位于 H 国和 F 国的政府称为母国政府和外国政府,将企业 1 称为外国企业,企业 2 和企业 3 称为母国企业。

② 笔者在这一章中只考虑单边贸易的情况,三家企业只在母国市场竞争,双边贸易将在第五章中讨论。

情况。

从效用函数可以推出 H 国的反需求函数

$$P^N = 1 - \sum q_i^N, \ i = 1, 2, 3 \tag{3-2}$$

其中,P^N 表示 H 国市场上产品的价格。

从(3-1)式和(3-2)式,可以分别定义三家企业在 H 国的利润函数

$$\pi_i^N = (1 - \sum q_i^N - c)q_i^N, \ i = 1, 2, 3 \tag{3-3}$$

其中 $\pi_i^N(i = 1, 2, 3)$ 代表企业 i 在 H 国的利润。

在没有并购的情况下,我们将 H 国社会福利函数定义为本国企业的利润和消费者剩余之和

$$W^N = CS^N + \pi_2^N + \pi_3^N \tag{3-4}$$

其中,W^N 表示 H 国的社会福利,而 $CS^N\left(CS^N = \dfrac{1}{2}(q_1^N + q_2^N + q_3^N)^2\right)$ 表示 H 国的消费者剩余。

若位于 F 国的企业 1 并购了 H 国的企业 2,那么并购之后母国(H 国)市场上就只剩下两家企业:一个局内人(并购后的企业)和一个局外人(企业 3)。两家企业在母国的产出分别用 q_I^M 和 q_O^M 表示。因此并购发生后,反需求函数变成了

$$P^M = 1 - \sum q_i^M, \ i = I, O \tag{3-5}$$

两家企业并购之后形成了一个更大的企业,并且削弱了母国市场上的竞争。笔者假设,两家企业通过整合它们的资产,优势互补,局内人可以得到效率上的提升,从而使它的边际成本降低为 ec,其中 $e \in [0, 1]$,是效率提升的程度(Motta 和 Ruta,2012)。局内人和局外人在母国市场上的效用函数为

$$\pi_I^M = (1 - \sum q_i^M - ec)q_I^M$$

$$\pi_O^M = (1 - \sum q_i^M - c)q_O^M,\ i = I, O \tag{3-6}$$

其中,下标 I 和 O 分别表示局内人和局外人,而上标 M 表示发生跨国并购的情况。

为了确定在发生并购之后母国的社会福利,需要具体确定并购之后的利润如何在两个并购企业之间分配。笔者假设企业 1 拥有完全的讨价还价能力(bargain power),因此可以获得所有的并购额外利润,仅仅需支付给企业 2 其并购之前的利润。因此,并购之后母国的社会福利函数可以表示为

$$W^M = CS^M + \pi_O^M + \pi_2^N \tag{3-7}$$

3.2.2　政治环境设定

为了了解母国政府的行为和决策,现在考虑 H 国的政治经济环境。

与 Motta 和 Ruta(2012)模型设定类似,笔者将并购政策定义为一个虚拟变量 $x \in \{0, 1\}$,其中 x 可以取 0 值(同意并购)或者 1 值(反对并购)。并购政策变量将会影响均衡价格、均衡产出、均衡利润、消费者剩余以及社会福利。

企业可以通过游说来获得相对于其竞争对手的比较优势,或者通过游说来避免竞争对手获得比较优势(Reich,2007)。并购政策的最终决定是企业和 H 国政府博弈的结果。局内人和局外人提供游说资金表 $C_i(x)$ ($i=I, O$ 且 $C_i(x) \geqslant 0$),来影响政府的跨国并购决策。

笔者假设在 H 国有一个自利的政府,这个政府不仅看重来自企业的游说资金,也要考虑本国的社会福利,并且母国政府对于来自母国企业和外国企业的游说看重程度不同。因此,可以将母国政府的目标函数定义为

$$G(x)=\alpha W(x)+(1-\alpha)\big(\theta C_I(x)+C_O(x)\big) \qquad (3\text{-}8)$$

其中,$\alpha \in [0,1]$,表示母国政府对社会福利赋予的比重。如果 $\alpha=1$,则母国政府是一个无私的政府,只考虑本国的社会福利;如果 $\alpha=0$,则母国政府是一个具有很强政治动机的政府,它只考虑来自利益团体的游说资金。另外 $\theta(0<\theta<1)$ 表示外国企业游说母国政府的效率,可以把它看作雇用当地咨询公司等费用,因为在大部分情况下,外国企业游说的效率总是低于母国企业(Qiu,2008),也可以看作母国政府对母国企业和外国企业并非一视同仁,它更加看重本国企业的游说资金,例如中海油并购美国优尼科案以及华为并购 3Com 案等,美国政府对中国企业的国有背景的顾忌,以及中国企业游说的能力较低,让美国政府对中国和美国企业的游说资金的看重程度完全不同。

在下面的研究中,笔者将专注于真实纳什均衡分析,真实的游说资金函数反映出局内人和局外人的真实偏好。一个企业 $i(i=I,O)$ 真实的游说资金函数,根据政府每一个行动变化,奖励政府相应变化的企业支付,只要企业在并购前和并购后的支付变化严格为正(Dixit et al.,1997)。我们定义局内人和局外人的游说资金函数[①]为

---

① 本书假设游说资金函数是可微的。

$$C_i(x) = \max\{0, \Delta\pi_i\}, \quad i = I, O \tag{3-9}$$

其中,$\Delta\pi_i$ 表示根据并购政策 x 变化而变化的企业支付。因此 H 国政府从局内人获得的游说资金为 $\max\{0, |\pi_I^M - \pi_1^N - \pi_2^N|\}$,从局外人获得的游说资金为 $\max\{0, |\pi_O^M - \pi_3^N|\}$。

在本章中,笔者考虑一个简单的三阶段博弈。第一阶段,企业 1 和企业 2 决定是否并购,代表局内人和局外人利益的游说者选择为母国政府提供游说资金;第二阶段,母国政府通过考虑母国社会福利和(或者)游说者提供的游说资金来决定是否同意跨国并购;第三阶段,三家企业在母国市场上进行古诺数量竞争。

3.3 并购决策分析

为了研究企业 1 和企业 2 的并购决定,应该分别考虑两种情形:①没有并购发生的情形,也就是说企业 1 和企业 2 不进行并购;②并购发生的情形,也就是企业 1 并购企业 2,建立一个新的并购企业。

首先考虑没有并购发生的情形。笔者采用逆向归纳法来解此博弈。在第一个阶段,三家企业最大化(3-3)式来选择其在母国的产量。从一阶条件,我们可以得出以下结果

$$q_1^N = q_2^N = q_3^N = \frac{1-c}{4}$$

$$p^N = \frac{1}{4}(1+3c)$$

$$\pi_1^N = \pi_2^N = \pi_3^N = \frac{1}{16}(c-1)^2$$

$$CS^N = \frac{9}{32}(c-1)^2$$

$$W^N = \frac{9}{32}(c-1)^2 + \frac{2}{16}(c-1)^2$$

其次考虑并购发生的情形。当企业 1 并购企业 2,建立一个新的并购企业,这个新的企业叫作局内人,企业 3 叫作局外人。两家企业最大化它们的利润函数(3-6)式,选择各自的产量。通过同时求解最优化问题,我们得到以下结果

$$q_I^M = \frac{1}{3}(1+c-2ce), \quad q_O^M = \frac{1}{3}[1+c(-2+e)]$$

$$p^M = \frac{1}{3}(1+c+ce)$$

$$\pi_I^M = \frac{1}{9}[-1+c(-1+2e)]^2, \quad \pi_O^M = \frac{1}{9}[1+c(-2+e)]^2$$

$$CS^M = \frac{1}{18}(-2+c+ce)^2$$

$$W^M = \frac{1}{18}(-2+c+ce)^2 + \frac{1}{9}[1+c(-2+e)]^2 + \frac{1}{16}(-1+c)^2$$

3.3.1 企业并购的利润条件分析

接下来有必要分析在并购之前和并购之后三家企业的利润、价格以及母国生产中剩余的变化情况。首先考虑企业 1 的并购决定,即企业 1 的并购利润条件,然后再来考虑母国政府的并购政策。利润条件是并购

发生的必要条件,根据 Qiu 和 Zhou(2007),当且仅当 $\pi_I^M - \pi_1^N - \pi_2^N \geqslant 0$ 这一条件满足时,并购才会发生。

通过解不等式组 $\pi_I^M - \pi_1^N - \pi_2^N \geqslant 0$, $0 < e < 1$, $\frac{1}{5} < c < \frac{1}{2}$,可以得出企业 1 的并购利润条件:当且仅当 $0 < e < \frac{4 + 3\sqrt{2}(-1+c) + 4c}{8c} \equiv e_{\pi_I}$ 时,企业 1 才会有进行跨国并购的动机。从这个利润条件中可以看出,只有当并购效率较高时,企业才会跨国并购,而且 $\frac{\partial e_{\pi_I}}{\partial c} > 0$,利润条件随着边际成本的增大而增大。

结论 3.1:当母国实施自由贸易政策时,当且仅当 $0 < e < e_{\pi_I}$,企业并购效率较高时,企业 1 才具有跨国并购的动机。

接下来再考虑跨国并购前后母国消费者剩余的变化。通过计算,我们发现:当且仅当 $0 < e < \frac{-1+5c}{4c} \equiv e_{CS}$ 时,母国的消费者剩余在并购之后会增加($P^N - P^M \geqslant 0$)。

另外,笔者也需要考虑局外人也就是企业 3 在跨国并购发生之后利润的变化。计算后发现,当且仅当 $e_{\pi_O} \equiv \frac{-1+5c}{4c} < e < 1$ 时,局外人在并购发生之后的利润会增加($\pi_O^M - \pi_3^N \geqslant 0$)。

可以发现,当消费者因并购而损失的时候,正是局外人获利的时候,这是因为局外人获利于母国市场上价格的上升。

现在再来研究特殊利益集团是如何影响母国政府决策的。在博弈的第二个阶段,母国政府当且仅当以下条件满足时才会批准并购

$$\alpha\Big(W(0)-W(1)\Big)+(1-\alpha)\Big[\theta\sum_{i=I,O}C_i(0)-\sum_{i=I,O}C_i(1)\Big]\geqslant 0 \quad (3\text{-}10)$$

笔者将在下文中考虑以下三种情形:①政府是无私的政府,也就是只考虑最大化母国社会福利,即 $\alpha=1$;②政府具有很强的政治动机,只考虑来自利益集团的游说资金,即 $\alpha=0$;③政府既考虑母国社会福利,也看重来自利益集团的游说资金,即 $0<\alpha<1$。

3.3.2 无私政府的并购决策

当母国政府只考虑本国社会福利时($\alpha=1$),若母国政府同意跨国并购,则目标函数为 $W(0)=CS^M+\pi_O^M+\pi_2^N$;若母国政府反对跨国并购,则目标函数为 $W(1)=CS^N+\pi_2^N+\pi_3^N$。因此,当且仅当 $W(0)\geqslant W(1)$时,母国政府才会同意跨国并购。

求解不等式组 $W^M-W^N\geqslant 0$, $0<e<1$, $\dfrac{1}{5}<c<\dfrac{1}{2}$,我们发现当且仅当 $0<e<\dfrac{-1+5c}{4c}\equiv e_W$ 时,母国政府才会同意跨国并购。从前文中,我们可以发现,e_{CS},e_{π_O},e_W 是相等的。

通过比较企业 1 的利润条件和母国政府同意并购的条件,我们可以发现 $e_W<e_{\pi_1}$。因此,我们得出以下结论:

结论 3.2:当母国实施自由贸易政策,且母国政府是一个只考虑社会福利的无私政府,则当且仅当 $0<e<e_W$,跨国并购效率较高时,母国政府才会批准该并购;然而当 $e_W<e<e_{\pi_1}$,跨国并购效率较低时,母国政府将拒绝该并购。

结论 3.2 背后的原因十分简单,由于社会福利由消费者剩余和本国企业的利润两部分组成,当跨国并购效率较低时,消费者剩余增加的额度大于局外人因并购损失的额度。然而,当跨国并购效率很高时,消费者剩余减少的额度不足以弥补局外人因并购所得的获利。

3.3.3　政治驱动型政府[①]的并购决策

在此情形下,笔者考虑一个只关注来自利益集团游说资金的政府 ($\alpha=0$)。此时最重要的是看局内人和局外人是具有同向的利益还是反向的利益。

通过分析计算,笔者发现,当 $e_{\pi_O}<e<e_{\pi_I}$ 时,局内人和局外人都得益于跨国并购,拥有同向的利益,也就是说 $\Delta\pi_I(0)=(\pi_I^M-\pi_1^N-\pi_2^N)>0$ 且 $\Delta\pi_O(0)=(\pi_O^M-\pi_3^N)>0$ 同时满足,因此两家企业都有动机游说母国政府同意该并购。

另外,当 $0<e<e_{\pi_O}$ 时,两家企业有反向的利益,局内人将游说母国政府同意并购,而局外人将游说母国政府阻止该并购。当 θ 较高时,即母国政府对于来自局内人的游说资金看重程度较高,或者局内人的游说效率较高时,由于局内人因跨国并购增加的利润大于局外人因跨国并购损失的利润($\theta(\pi_I^M-\pi_1^N-\pi_2^N)>(\pi_3^N-\pi_O^M)>0$),母国政府将会同意该并购。当 θ 较低时,即母国政府对于来自局内人的游说资金看重程度很低,或者局内人游说效率很低时,局内人因跨国并购增加的利润就不能弥补局外人

---

① 为了行文简练,后文中都将只考虑游说资金的母国政府称为政治驱动型政府。

因跨国并购损失的利润,此时,母国政府将阻止该并购。[①]

因此我们得出以下结论:

结论 3.3:当并购的效率较高,且母国政府只考虑来自利益集团的游说资金,并对国内外企业的游说一视同仁时,母国政府总会同意该并购;而当母国政府对外国企业有所"歧视"时,将会阻止并购的发生。

3.3.4 平衡型政府[②]的并购决策

如果政府同时考虑社会福利和游说资金($0<\alpha<1$),则有以下几种情形。[③]

当母国政府对社会福利的看重程度较低时:①若母国政府对来自外国企业的游说"歧视"较强,即 θ 很小时,此时母国政府主要看重来自局外人的游说资金,因此只有当企业边际成本较低且并购效率较低,母国政府才会同意该并购,例如,图 3.1 中的格子部分是母国政府同意并购的区域(此时 $\alpha=0.1$,$\theta=0.01$)。②若母国政府对来自外国企业的游说"歧视"较弱,即 θ 较大时,母国政府总是会同意该并购。

当母国政府对社会福利和游说资金赋予的比重较平均时:①若母国政府对来自外国企业的游说"歧视"较强,即 θ 很小时,此时母国政府主要看重社会福利以及来自局外人的政治捐献,因此母国政府同意并购的区域为图 3.2 中的格子部分($\alpha=0.5$,$\theta=0.01$)。②若母国政府对来自外国

---

① 具体计算结果详见附录。

② 为了行文简练,后文中都将既考虑社会福利也考虑游说资金的母国政府称为平衡型政府。

③ 具体计算结果详见附录。

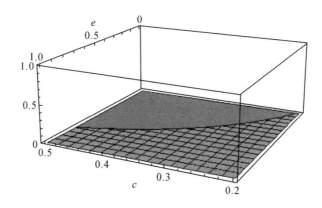

图 3.1　母国政府的并购决策($\alpha=0.1$, $\theta=0.01$)

企业的游说"歧视"较弱,即 θ 较大时,母国政府总是会同意该并购。

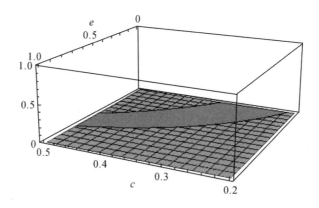

图 3.2　母国政府的并购决策($\alpha=0.5$, $\theta=0.01$)

当母国政府对游说资金看重程度很高时:①若母国政府对来自外国企业的游说"歧视"较强,即 θ 很小时,此时母国政府主要看重社会福利,因此只有当跨国并购效率较高时,母国政府才会同意该并购。图 3.3 中的格子部分是母国政府同意并购的区域($\alpha=0.9$,$\theta=0.01$)。②若母国政府对来自外国企业的游说"歧视"较弱,即θ较大时,只有当并购效率高时,母国政府才会同意并购,不过此时的并购效率范围变大了,图3.4中的格子部分即母国政府同意并购的区域($\alpha=0.9$,$\theta=0.9$)。

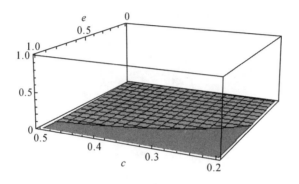

图3.3 母国政府的并购决策($\alpha=0.9$,$\theta=0.01$)

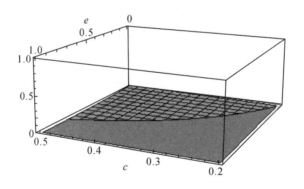

图3.4 母国政府的并购决策($\alpha=0.9$,$\theta=0.9$)

结论3.4:当母国政府同时考虑社会福利和游说资金时,分三种情况:①当母国政府更加重视游说资金时,若母国政府对外国企业游说"歧视"很强,则只会批准并购效率低的并购,若"歧视"很弱,则总会同意该并购;②当母国政府对社会福利和游说资金赋予的比重比较均衡时,若母国政府对外国企业游说"歧视"很强,则只会批准并购效率最低和效率最高的并购,若"歧视"很弱,则总会同意并购;③若母国政府对社会福利看重程度很高时,则总是会同意效率高的并购。

3.4 小 结

本章主要构建了一个拥有"歧视"性质的政府的游说竞争模型来分析游说对母国跨国并购政策的影响,通过分析,发现游说在并购政策中有重要的作用,主要得出以下结论:

(1)当母国政府是一个只考虑社会福利的无私政府,则该政府只会批准并购效率高的跨国并购,否则,将阻止该并购。

(2)当母国政府只考虑来自利益集团的游说资金,并对国内外企业的游说一视同仁时,母国政府总会同意并购;然而当母国政府对外国企业的游说有所"歧视"时,或者外国企业游说效率很低时,母国政府将会阻止该并购的发生。

(3)当母国政府同时考虑社会福利和游说资金时,母国政府是否"歧视"外国企业的游说,或者外国企业游说效率的高低对并购政策有非常大的影响。当母国政府对外国企业的游说"歧视"很强,或者外国企业的游说效率很低时,外国企业跨国并购的成功率将大大降低。

4

企业所有制、游说与跨国并购单边贸易模型

4.1　引　言

前文中我们讨论了国内外企业游说如何影响政府的跨国并购政策，然而模型设定中默认了国内外企业都是以利润最大化为目标的私营企业，而在现实中，中国"走出去"进行跨国并购的企业，并不只有私营企业，例如，中海油、中铝集团和中石油等大型国有企业。美国政府对于拥有国有背景的企业或者发生在高科技或战略资源领域的跨国并购十分敏感。因此，弄清国有背景（或者说是所有制结构）在影响跨国并购成功率的过程中扮演了怎样的角色具有重要意义。

本章在上一章的基础上，引入了混合所有制企业和贸易自由度，假设外国并购方企业是一家拥有国有股份的混合所有制企业，并假设混合所有制企业比私营企业拥有更加宽松的融资约束，在混合寡头背景下深入分析了企业由于融资约束的不同影响跨国并购成功率的内在机理。笔者将回答以下问题：

首先，外国企业的所有制结构是否以及如何影响跨国并购的成功率？

其次，外国企业的游说活动是否有效？游说活动能否改变母国政府对外国国有企业跨国并购的态度？具体来说，一家外国企业（比如中国的联想）的国有股份比重如何影响母国政府（比如美国）的跨国并购政策？

再次，政府的目标函数不同（只考虑社会福利，或者只考虑游说资金，或者两者都考虑）是如何影响跨国并购政策的？

　　最后,贸易保护对母国政府的跨国并购政策有何影响?

　　前一章中,笔者列出了许多关于私营企业并购的文献,然而,目前研究并购方为部分私有化企业的混合市场的文献还很少。本章的研究就是基于混合市场[①]的设定。在 Merrill 和 Schneider(1966)以及 Matsumura(1998)模型的基础上,笔者假设跨国并购的发起者是一个混合所有制企业(国有和私有混合),由公共部门和私有部门共同持有,它的目标是最大化总收入和利润的加权平均,这个设定意味着相对于私营企业,它们的目标函数赋予边际成本更低的比重。这个设定在现实中有证据支持:Franklin 等(2005)发现中国的法律体制和融资机构都很不发达。在此环境中,中国的私营企业受到融资市场的巨大歧视,不得不依赖于现有收入进行再投资(Song et al.,2011),然而中国的国有企业可以更容易地获得中国各大银行(大部分是国有银行)的贷款(Boyreau-Debray,Wei,2005)。从图 4.1 中可以发现国有企业从外界(银行贷款和政府补助)融资的比例比私营企业要高很多。Dollar 和 Wei(2007)发现,中国私营企业的融资渠道更多是已有收入和亲戚朋友,而不是银行贷款。另外一些证据也表明了国有企业在融资上比私营企业优越得多,国有企业的资本产出比和资本劳动比大幅度高于私营企业(CSMAR 数据库)。根据 2014 年中国统计年鉴,国有企业的平均资本产出比和资本劳动比比私营企业高出 2 倍多和 5 倍多。

　　本章将构建一个混合寡头游说竞争模型。与前一章类似,笔者假设

---

　　①　本书提到的混合市场或者混合寡头是指国有企业、混合所有制企业和私营企业在同一个市场上竞争。

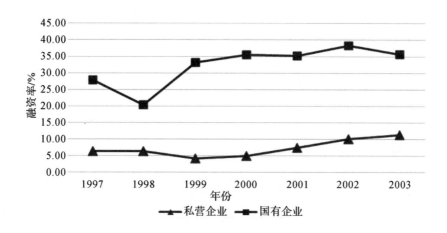

图 4.1   企业融资中来自银行贷款和政府补贴的比例

数据来源:1998 年至 2004 年中国统计年鉴。

一个行业中有 3 家企业,企业 1、企业 2 和企业 3,企业 1 是一家公共部门和私有部门共同所有的混合所有制企业,位于外国。而企业 2 和企业 3 位于母国。外国政府对企业 1 拥有一定比例的股份。另一方面,外国政府是一个自利的政府,不仅考虑本国社会福利,也考虑来自利益集团的游说资金。

本章的布局如下:第二部分给出基本的模型设定;第三部分分析企业的并购决定和政府的并购政策;第四部分对模型进行扩展,分析贸易保护框架下企业所有制、政治游说与并购政策之间的关系,检验第三部分结果的稳健性;第五部分小结。

4.2 模型设定

4.2.1 经济环境设定

在这一部分,笔者将考虑构建一个混合寡头单边贸易模型。与第三章一样,假设世界上有两个国家,分别用 H 国和 F 国表示,三家企业,分别用企业 1、企业 2 和企业 3 表示。企业 1 位于 F 国,而企业 2 和企业 3 位于 H 国。假设企 1 是一家部分私有化企业,私有股份的比重为 $\beta(\beta \in [0,1])$,因此 F 国政府拥有 $1-\beta$ 比重的股份。三家企业在母国市场上竞争。假设每个企业的边际成本为 c ($\frac{1}{5} < c < \frac{1}{2}$),这保证了即使局内人(并购后的企业)获得最高并购效率,局外人也不会退出市场,以及保证了跨国并购将降低母国市场价格。在这一节中,首先考虑自由市场的情况,也就是贸易成本为零。

假设 H 国的总人口为 1,每个母国市场上的消费者都拥有拟线性效用函数。笔者将一个代表性消费者的效用函数定义如下

$$U(q_1^N, q_2^N, q_3^N) = (q_1^N + q_2^N + q_3^N) - \frac{1}{2}(q_1^N + q_2^N + q_3^N)^2 \qquad (4\text{-}1)$$

其中,$q_i^N(i=1,2,3)$ 表示企业 i 的产出,上标 N 表示没有发生并购的情况。

从效用函数可以推出 H 国的反需求函数:

$$P^N = 1 - \sum q_i^N, i = 1, 2, 3 \qquad (4\text{-}2)$$

其中,P^N 表示 H 国中产品的价格。

从(4-1)式和(4-2)式,可以分别定义出三家企业在 H 国的利润函数

$$\pi_i^N = (1 - \sum q_i^N - c) q_i^N, i = 1, 2, 3 \qquad (4\text{-}3)$$

其中,$\pi_i^N (i = 1, 2, 3)$ 代表企业 i 在 H 国的利润。

根据 Merrill 和 Schneider(1966),Matsumura(1998)的模型,笔者假设企业 1 最大化总收入和利润的加权平均来选择产量,[①]将企业 1 的目标函数定义如下

$$V^N = \beta \pi_1^N + (1 - \beta)(P^N q_1^N) \qquad (4\text{-}4)$$

可以发现,企业 1 的目标函数可以转化为 $V^N = (P^N - \beta c) q_1^N$,这意味着相较于企业 2 和企业 3,企业 1 对边际成本赋予更低的比重。以中国为例,国有企业在为雇员和其家庭提供社会服务和维持社会稳定中具有重要的作用(Bai et al.,2000),因此,国家银行总是会给国有企业提供更多"软贷款"来避免可能性失业带来的社会动乱(Steinfeld,1998)。这说明国有企业拥有更好的融资途径,享受大量低息银行贷款和政府补贴,这给它们带来了更低的边际成本。

在没有并购的情况下,我们将 H 国社会福利函数定义为本地企业的利润和消费者剩余之和

$$W^N = CS^N + \pi_2^N + \pi_3^N \qquad (4\text{-}5)$$

---

① Sun 等(2005)的文章中可以找到相似的设定。

其中,W^N 表示 H 国的社会福利,而 $CS^N\left[CS^N = \dfrac{1}{2}(q_1^N + q_2^N + q_3^N)^2\right]$ 表示 H 国的消费者剩余。

若位于 F 国的企业 1 并购了 H 国的企业 2,那么并购之后母国市场上就只剩下两家企业:一个局内人(并购后的企业)和一个局外人(企业 3)。两家企业在母国的产出分别用 q_I^M 和 q_O^M 表示。因此并购发生之后,反需求函数变成了:$P^M = 1 - \sum q_i^M$, $i = I, O$。两家企业并购之后形成了一个更大的企业,并且削弱了母国市场上的竞争。笔者假设,两家企业通过整合它们的资产,优势互补,局内人可以得到一个效率的提升,从而使它的边际成本降低为 ec,其中 $e \in [0,1]$ 是效率提升(Motta,Ruta,2012)。局内人和局外人在母国市场上的效用函数如下:

$$
\begin{aligned}
\pi_I^M &= (1 - \sum q_i^M - ec)q_I^M \\
\pi_O^M &= (1 - \sum q_i^M - c)q_O^M, i = I, O
\end{aligned}
\tag{4-6}
$$

其中,下标 I 和 O 分别表示局内人和局外人,而上标 M 表示发生跨国并购的情况。

由于企业 1 拥有政府背景,并购后的企业仍然能够享受政府补助等融资优惠。因此,为了简便,笔者假设并购后企业仍然最大化总收入和利润的加权平均来选择产出

$$
V^M = \beta \pi_I^M + (1 - \beta)(P^M q_I^M) \tag{4-7}
$$

为了弄清楚在发生并购之后母国的社会福利,笔者需要具体确定并购之后的利润如何在两个并购企业之间划分。笔者假设企业 1 拥有完全的讨价还价能力,因此可以获得所有的并购额外利润,仅仅支付给企业 2

并购之前的利润。因此，并购之后母国的社会福利函数可以表示为

$$W^M = CS^M + \pi_O^M + \pi_2^N \tag{4-8}$$

4.2.2　政治环境设定

现在笔者开始考虑政治经济环境中的 H 国。

与 Motta 和 Ruta(2012) 的模型设定类似，笔者将并购政策定义为一个虚拟变量 x，x 可以取 0 值（同意并购）或者 1 值（反对并购），即 $x \in \{0, 1\}$。并购政策变量将会影响均衡价格、均衡产出、均衡利润、消费者剩余以及社会福利。

局内人和局外人提供游说资金 $C_i(x)(i = I, O$ 且 $C_i(x) \geqslant 0)$，来影响政府的跨国并购决策。笔者假设在 H 国有一个自利的政府，这个政府不仅看重来自企业的游说资金，还要考虑本国的社会福利。因此，可以将母国政府的目标函数定义为

$$G(x) = \alpha W(x) + (1 - \alpha) \sum_{i=I,O} C_i(x) \tag{4-9}$$

其中，$\alpha(\alpha \in [0,1])$ 表示母国政府对社会福利赋予的比重。如果 $\alpha = 1$，则母国政府是一个无私的政府，只考虑本国的社会福利；如果 $\alpha = 0$，则母国政府是一个具有很强政治动机的政府，它只考虑来自利益团体的游说资金。

在下面的研究中，笔者将专注于真实纳什均衡分析，真实的游说资金函数反映出局内人和局外人的真实偏好。我们定义局内人和局外人的游说资金函数为

$$C_i(x) = \max\{0, \Delta \pi_i\}, i = I, O \tag{4-10}$$

其中，$\Delta\pi_i$ 表示根据并购政策 x 变化而变化的企业支付。因此 H 国政府从局内人获得的游说资金为 $\max\{0,|\pi_I^M-\pi_1^N-\pi_2^N|\}$，从局外人获得的游说资金为 $\max\{0,|\pi_O^M-\pi_3^N|\}$。

在本章中笔者同样考虑一个简单的三阶段博弈。第一阶段，企业 1 和企业 2 决定是否并购，代表局内人和局外人利益的游说者选择为母国政府提供游说资金；第二阶段，母国政府通过考虑母国社会福利和（或者）游说者提供的游说资金来决定是否同意跨国并购；第三阶段，三家企业在母国市场上进行古诺竞争。

4.3 并购决策分析

为了研究企业 1 和企业 2 的并购决定，应该分别考虑两种情形：①没有并购发生的情形，也就是说企业 1 和企业 2 不进行并购；②并购发生的情形，也就是企业 1 并购企业 2，建立一个新的并购企业，F 国政府在这个并购后的企业中仍然拥有 $1-\beta$ 比例的股份。

首先考虑没有并购发生的情形，同样采用逆向归纳法来解此博弈。在第一个阶段，企业 1 通过最大化(4-4)式来选择其产出，企业 2 和企业 3 最大化(4-3)式来选择其在母国的产出。从一阶条件，我们可以得出以下结果

$$q_1^N=\frac{1}{4}[1+2c-3c\beta]$$

$$q_2^N = q_3^N = \frac{1}{4}[1 + c(-2 + \beta)]$$

$$p^N = \frac{1}{4}[1 + c(2 + \beta)]$$

$$\pi_1^N = \frac{1}{16}[1 + c(-2 + \beta)][1 + c(2 - 3\beta)]$$

$$\pi_2^N = \pi_3^N = \frac{1}{16}[1 + c(-2 + \beta)]^2$$

$$CS^N = \frac{1}{32}[-3 + c(2 + \beta)]^2$$

$$W^N = \frac{1}{32}[-3 + c(2 + \beta)]^2 + \frac{2}{16}[1 + c(-2 + \beta)]^2$$

当企业 1 并购企业 2，建立一个新的并购企业，这个新的企业即为局内人，企业 3 则为局外人。局内人最大化(4-7)式来选择在母国的产出，局外人最大化它的利润函数(4-6)式选择产出。通过同时求解最优化问题，我们得到以下结果

$$q_I^M = \frac{1}{3}(1 + c - 2ce\beta)$$

$$q_O^M = \frac{1}{3}[1 + c(-2 + e\beta)]$$

$$p^M = \frac{1}{3}(1 + c + ce\beta)$$

$$\pi_I^M = \frac{1}{9}\{1 + c[1 + e(-3 + \beta)]\}[1 + c(1 - 2e\beta)]$$

$$\pi_O^M = \frac{1}{9}[1 + c(-2 + e\beta)]^2$$

$$CS^M = \frac{1}{18}(-2+c+ce\beta)^2$$

$$W^M = \frac{1}{18}(-2+c+ce\beta)^2 + \frac{1}{9}[1+c(-2+e\beta)]^2 + \frac{1}{16}[1+c(-2+\beta)]^2$$

4.3.1　企业并购的利润条件分析

接下来分析在并购之前和并购之后的三家企业的利润、价格以及母国生产中剩余的变化情况。首先考虑企业 1 的并购决定,即企业 1 的并购利润条件。

解不等式组 $\pi_1^M - \pi_1^N - \pi_2^N \geqslant 0 (0 < e < 1, \frac{1}{5} < c < \frac{1}{2}, 0 < \beta < 1)$,让 $e_{\pi_1} = \frac{1}{4}\left(\frac{(1+c)(3+\beta)}{c(3-\beta)\beta} - 3\sqrt{\frac{1+\beta+2c(1-5\beta+2\beta^2)+c^2(1-2\beta+7\beta^2-5\beta^3+\beta^4)}{c^2(-3+\beta)^2\beta^2}}\right)$,可以得出以下企业 1 的并购利润条件(见表 4.1)。

表 4.1　企业 1 的并购利润条件

所有权结构	行业特征	并购效率
$0 < \beta \leqslant \frac{3}{7}$	$\frac{1}{5} < c \leqslant \frac{1}{2}$	$0 < e < 1$
$\frac{3}{7} < \beta \leqslant \frac{6}{7}$	$\frac{1}{5} < c \leqslant \frac{1}{8-7\beta}$	$0 < e < e_{\pi_1}$
	$\frac{1}{8-7\beta} < c < \frac{1}{2}$	$0 < e < 1$
$\frac{6}{7} < \beta < 1$	$\frac{1}{5} < c \leqslant \frac{1}{2}$	$0 < e < e_{\pi_1}$

从上述利润条件中可以发现,当外国企业的国有股份比重很高

$(0<\beta\leqslant\dfrac{3}{7})$时,或者当国有股份比重中等$(\dfrac{3}{7}<\beta\leqslant\dfrac{6}{7})$且边际成本较高

$(\dfrac{1}{8-7\beta}<c<\dfrac{1}{2})$时,不论并购效率如何,并购利润条件总是可以满足。另

外,当企业1的私有股份足够高$(\dfrac{6}{7}<\beta<1)$或者当私有股份中等$(\dfrac{3}{7}<$

$\beta\leqslant\dfrac{6}{7})$且边际成本相对较低$(\dfrac{1}{5}<c\leqslant\dfrac{1}{8-7\beta})$,此时满足并购利润条件对

并购效率的要求较严格。因此我们可以有下结论:

结论4.1:当H国实施自由贸易政策,当且仅当$e\leqslant\min\{1,e_{\pi_1}\}$时,利润条件对任何所有制结构的企业都满足。

结论4.1给出了企业1产生跨国并购动机的条件。而且,并购效率条件对于国有背景强的企业更加严格,对于边际成本低的行业也更加严格。

在跨国并购发生之后,当且仅当以下条件满足时,H国的消费者剩余会增加$(P^N-P^M\geqslant0)$

$$\frac{1-2c}{3c}<\beta<1\ 且\ 0<e<\frac{-1+2c+3c\beta}{4c\beta}$$

最后,笔者希望了解局外人也就是企业3在跨国并购发生之后利润的变化。计算后发现,当且仅当以下条件满足时,局外人在并购发生之后的利润会增加$(\pi_O^M-\pi_3^N\geqslant0)$

$$0<\beta<\frac{1-2c}{3c}\ 且\ 0<e<1$$

或者　　　　$$\frac{1-2c}{3c}<\beta<1\ 且\ \frac{-1+2c+3c\beta}{4c\beta}<e<1$$

同样可以发现,当消费者因并购而有损失的时候,正是局外人获利的时候,这是因为局外人获利于母国市场上价格的上升。

现在来分析特殊利益集团是如何影响母国政府决策的。在博弈的第二个阶段,母国政府当且仅当以下条件满足时才会批准并购

$$\alpha[W(0)-W(1)]+(1-\alpha)\left[\sum_{i=I,O}C_i(0)-\sum_{i=I,O}C_i(1)\right]\geqslant 0 \quad (4\text{-}11)$$

笔者在这章将同样考虑以下三种情形:①政府是无私的政府,也就是只考虑最大化母国社会福利,即 $\alpha=1$;②政府具有很强的政治动机,只考虑来自利益集团的游说资金,即 $\alpha=0$;③政府既考虑母国社会福利,也看重来自利益集团的游说资金,即 $0<\alpha<1$。

4.3.2 无私政府的并购决策

当母国政府只考虑本国社会福利时($\alpha=1$),若母国政府同意跨国并购,则目标函数为 $W(0)=CS^M+\pi_O^M+\pi_2^N$;若母国政府反对跨国并购,则目标函数为 $W(1)=CS^N+\pi_2^N+\pi_3^N$。因此,当且仅当 $W(0)\geqslant W(1)$ 时,母国政府才会同意跨国并购。

通过求解不等式组 $W^M-W^N\geqslant0$ ($0<e<1$, $\frac{1}{5}<c<\frac{1}{2}$, $0<\beta<1$),让 $e_w=\frac{-1+2c+3c\beta}{4c\beta}$,可以发现当 $\frac{1-2c}{3c}<\beta<1$ 且 $0<e<e_w$ 时,母国政府将会批准并购。这意味着以下两种并购将被阻止:①并购方的国有股份比重较高;②跨国并购的效率很低。注意,$\frac{\partial e_w}{\partial c}>0$,$\frac{\partial e_w}{\partial \beta}>0$,$e_w$ 是 c 和 β 的增函数,这意味着行业边际成本越高,并购方企业国有股份比重越低,

并购获得批准的可能性就越大。而且,这些并购批准条件说明当外国企业国有股份越低,对于边际成本 c 和并购效率 e 的要求就越低。

通过比较企业 1 的利润条件和母国政府同意并购的条件,我们可以发现 $e_w < e_{\pi_i}$。因此,可以得出以下结论:

结论 4.2:当 H 国实施自由贸易政策,且母国政府是一个只考虑社会福利的无私政府,则当且仅当 $\frac{1-2c}{3c} < \beta < 1$ 且 $0 < e < e_w$ 时,母国政府将批准此并购,否则,将阻止并购。

结论 4.2 揭示了一个无私政府偏好拥有以下两种特征的跨国并购:①并购方企业的国有股份比重很低;②并购的效率足够高。这与 Motta 和 Ruta(2012)得出的结论是一致的。[①]

结论 4.2 背后的原理也是十分简单的。由于 $W^M - W^N = (CS^M + \pi_O^M + \pi_2^N) - (CS^N + \pi_2^N + \pi_3^N) = (CS^M - CS^N) + (\pi_O^M - \pi_3^N) \triangleq \Delta CS + \Delta \pi_3$,母国政府要综合考虑消费者剩余的变化和企业 3 的利润变化。而 $\Delta \pi_3$ 是 e 的增函数,β 的减函数,且企业 3(局外人)从并购中获益的条件为:$0 < \beta < \frac{1-2c}{3c}$ 且 $0 < e < 1$,或者 $\frac{1-2c}{3c} < \beta < 1$。另外,$\Delta CS$ 是 e 的减函数,β 的增函数,消费者剩余增加的条件是 $\frac{1-2c}{3c} < \beta < 1$ 且 $0 < e < \frac{-1+2c+3c\beta}{4c\beta}$。经过一些计算,发现当企业 3 得益于跨国并购,企业 3 因并购的所得并不能补偿此时消费者剩余的损失;当企业 3 因跨国并购产生损失,此时消费者剩

① Motta 和 Ruta(2012)发现,政府和反垄断机构倾向于批准更有效率的跨国并购。

余的增加额度大于企业 3 的损失。因此跨国并购发生之后,母国的社会福利增加的条件为 $\frac{1-2c}{3c} < \beta < 1$ 且 $0 < e < \frac{-1+2c+3c\beta}{4c\beta}$,此时消费者剩余的增加占主导地位。

4.3.3 政治驱动型政府的并购决策

在此情形下,笔者考虑一个只关注来自利益集团游说资金的政府 ($\alpha = 0$)。此时最重要的问题是局内人和局外人具有同向的利益还是反向的利益。

当 $0 < \beta < \frac{1-2c}{3c}$ 且 $0 < e < 1$,或者 $\frac{1-2c}{3c} < \beta < 1$ 时,局内人和局外人同时从跨国并购中获利,也就是说 $\Delta\pi_I(0) = (\pi_I^M - \pi_1^N - \pi_2^N) > 0$ 且 $\Delta\pi_O(0) = (\pi_O^M - \pi_3^N) > 0$ 同时满足,因此两家企业都有动机游说母国政府同意该并购。

然而,当 $\frac{1-2c}{3c} < \beta < 1$ 且 $0 < e < \frac{-1+2c+3c\beta}{4c\beta}$ 时,$\Delta\pi_I(0) > 0$,$\Delta\pi_O(0) < 0$,即局内人和局外人有反向利益关系。局内人将游说母国政府同意并购,而局外人将游说母国政府阻止该并购。由于局内人因跨国并购增加的利润比局外人因跨国并购损失的利润要多,即 $(\pi_I^M - \pi_1^N - \pi_2^N) > (\pi_3^N - \pi_O^M) > 0$,政治驱动型政府总是会同意此并购。

因此可以得出以下结论:

结论 4.3:当母国政府只考虑来自两家企业的游说资金时,它总是会同意企业的并购。

4.3.4 平衡型政府的并购决策

如果母国政府不仅考虑社会福利也看重来自利益集团的游说资金（$0<\alpha<1$），那么在第二个阶段，当且仅当(4-11)式满足时，母国政府才会批准跨国并购。

在情形 2 的讨论中，已经得出当 $0<\beta<\dfrac{1-2c}{3c}$ 且 $0<e<1$，或者 $\dfrac{1-2c}{3c}<\beta<1$ 时，局内人和局外人都受益于跨国并购。另外，当 $\dfrac{1-2c}{3c}<\beta<1$ 且 $0<e<\dfrac{-1+2c+3c\beta}{4c\beta}$，局内人和局外人有相反的利益。在接下来的行文中，笔者将逐一讨论这两种情况。

对于第一种情况，两家企业都受益于跨国并购，因此两个游说者的游说投入都可设为 $C_i(1)=0(i=I,O)$。在此情况下，并购是没有效率的，因此一个最大化社会福利的政府会反对此并购。因此游说者将它们的游说资金设为 $\sum_{i=I,O}C_i(0)>0$，来促使政府同意并购。局内人和局外人愿意付出的最大的游说资金献如下

$$\hat{C}_I(0)=\Delta\pi_I(0)=[\pi_I^M-\pi_1^N-\pi_2^N]=$$

$$\frac{1}{9}\{1+c[1+e(-3+\beta)]\}[1+c(1-2e\beta)]$$

$$-\frac{1}{16}[1+c(-2+\beta)][1+c(2-3\beta)]-\frac{1}{16}[1+c(-2+\beta)]^2$$

(4-12)

$$\hat{C}_O(0) = \Delta\pi_O(0) = [\pi_O^M - \pi_3^N]$$

$$= \frac{1}{9}[1 + c(-2 + e\beta)]^2 - \frac{1}{16}[1 + c(-2 + \beta)]^2 \qquad (4\text{-}13)$$

因此母国政府收到的游说资金总额为 $\sum_{i=I,O} \hat{C}_i(0) = \pi_I^M + \pi_O^M - \pi_1^N - \pi_2^N - \pi_3^N$。将上述条件放入(4-11)式中,求解 e

让 $\varphi = \dfrac{10 + 4c - 14c\beta}{13 + 22c - 35c\beta}$

$$e_G = \frac{(-1+\alpha)(-3+\beta) + c[3 + 5\beta - \alpha(3 + 2\beta)]}{c\beta(12 - 12\alpha - 2\beta + 5\alpha\beta)}$$

$$- \frac{3}{4}\sqrt{(16 + \cdots + 25c^2\alpha^2\beta^4)/[c^2\beta^2(12 - 12\alpha - 2\beta + 5\alpha\beta)^2]}\,^{①}$$

可以得出政府批准没有效率的跨国并购的条件为:

① 当 $0 < \beta < \dfrac{1-2c}{3c}$ 时,需要 $0 < \alpha < \varphi$ 且 $0 < e < 1$;或者 $\varphi < \alpha < 1$ 且 $0 < e < e_G$;

② 当 $\dfrac{1-2c}{3c} < \beta < 1$ 时,需要 $0 < \alpha < \varphi$ 且 $e_w < e < 1$;或者 $\varphi < \alpha < 1$ 且 $e_w < e < e_G$。

上述条件表明,如果母国政府不看重社会福利($0 < \alpha < \varphi$),总是会批准并购。经过一些计算,可以发现当并购方企业的私有股份比重足够高($\dfrac{-1+8c}{7c} < \beta < 1$),总能找到一个 $\gamma(\varphi < \gamma < 1)$,当 $\varphi < \alpha < \gamma$ 时,母国政府会同意企业 1 的并购要求。

---

① 由于篇幅原因,具体结果见附录。

另外,对于 $\frac{1-2c}{3c}<\beta<1$ 且 $0<e<\frac{-1+2c+3c\beta}{4c\beta}$,局外人因并购而损失,因此两个游说者的游说方向相反。在这种情况下,可以发现母国政府总是会同意并购要求。原因主要有两个方面:首先,前文中提到,在这个情况下,跨国并购发生后,社会福利总能提高;其次,局内人总是能给出比局外人更多的游说资金,原因如下。

两个企业游说的竞争会促使局外人将它的最优游说资金设置在某个范围,使它在游说和退出市场两个选择中无差异。定义 $\hat{C}_O(1)$ 为局外人愿意支付的最大游说资金,则

$$\hat{C}_O(1)=\Delta\pi_O(1)=\left[\pi_3^N-\pi_O^M\right]$$

$$=\frac{1}{16}\left[1+c(-2+\beta)\right]^2-\frac{1}{9}\left[1+c(-2+e\beta)\right]^2 \tag{4-14}$$

局内人愿意支付的最大游说资金为 $\hat{C}_I(0)$,经过计算可以得出 $\hat{C}_I(0)>\hat{C}_O(1)$

$$\Delta\pi_I(0)-\Delta\pi_O(1)=$$

$$\frac{1}{144}\left\{5+2c\left[20+8e(-3+\beta)-9\beta\right]+c^2\left[44-16e^2(-6+\beta)\beta+9\beta^2-16e(3+5\beta)\right]\right\}>0$$

这意味着局内人因为跨国并购增加的利润比局外人的损失要多,因此局内人总是可以出价高于局外人。因此,局内人可以将游说资金额度设置为 $C_I(0)=\hat{C}_O(1)+\varepsilon$,其中 ε 为任意小。

由上述结果可以得出结论:

结论 4.4:当 H 国实施自由并购政策,母国政府不仅考虑本国社会福利,也看重游说资金时,有以下结果:

①当局内人和局外人同时获益于并购,则 $0<\alpha<\varphi$,或者 $\frac{8c-1}{7c}<$
$\beta<1$ 且 $\varphi<\alpha<\gamma$ 时,母国政府总是同意并购;

②当局内人受益于并购,而局外人因并购而损失时,母国政府总是会同意并购。

如上所述,当局内人和局外人同时获益于跨国并购,且母国政府足够看重游说资金时,总是会批准跨国并购。而且,母国政府更加偏好具有高私有股份比例的外国企业。具体来说,当外国企业的私有股份足够高时,母国政府批准并购的 α 的范围更大。

4.4 模型扩展:贸易保护影响跨国并购政策的分析

在这个部分,笔者将讨论在贸易保护框架下,游说如何影响母国政府的跨国并购政策。假设母国政府对外国企业设置数量关税 t,其他模型设定保持不变。为了保证局外人不退出市场,以及保证跨国并购降低市场价格,继续假设 $0<t<\frac{-1+2c-c\beta}{-4+\beta}$。

与第 3 小节的计算方法相同,在没有并购发生的情况下,可以得出以下结果

$$q_1^N=\frac{1}{4}(1+2c-3c\beta-3t\beta)$$

$$q_2^N=q_3^N=\frac{1}{4}[1+c(-2+\beta)+t\beta]$$

$$p^N = \frac{1}{4}[1 + t\beta + c(2+\beta)]$$

$$\pi_1^N = \frac{1}{16}[1 + t(-4+\beta) + c(-2+\beta)][1 - 3t\beta - c(-2+3\beta)]$$

$$\pi_2^N = \pi_3^N = \frac{1}{16}[1 + c(-2+\beta) + t\beta]^2$$

$$CS^N = \frac{1}{32}[-3 + t\beta + c(2+\beta)]^2$$

$$W^N = \frac{1}{32}[-3 + t\beta + c(2+\beta)]^2 + \frac{1}{16}[1 + c(-2+\beta) + t\beta]^2$$

$$+ \frac{1}{16}[1 + c(-2+\beta) + t\beta]^2 + t[\frac{1}{4}(1 + 2c - 3c\beta - 3t\beta)]$$

当企业 1 并购企业 2 后,企业 1 将选择在 H 国生产来规避关税。于是在并购发生的情况下,可以得出以下结果

$$q_I^M = \frac{1}{3}(1 + c - 2ce\beta), \quad q_O^M = \frac{1}{3}(1 + c(-2+e\beta))$$

$$p^M = \frac{1}{3}(1 + c + ce\beta)$$

$$\pi_I^M = \frac{1}{9}\{1 + c[1 + e(-3+\beta)]\}[1 + c(1 - 2e\beta)]$$

$$\pi_O^M = \frac{1}{9}[1 + c(-2+e\beta)]^2$$

$$CS^M = \frac{1}{18}(-2 + c + ce\beta)^2$$

$$W^M = \frac{1}{18}(-2 + c + ce\beta)^2 + \frac{1}{9}[1 + c(-2+e\beta)]^2$$

$$+ \frac{1}{16}[1 + c(-2+\beta)]^2$$

首先分析跨国并购对三家企业的利润、市场价格以及母国消费者剩余有何影响。接下来的行文中，比重用上标 T 表示贸易保护的情形。使用与第 3 小节相同的方法，可以得到以下结论：

结论 4.5：当 H 国对外国企业设置关税，当且仅当 $e \leqslant \min\{1, e_{\pi_i}^T\}$，[①] 利润条件对任何所有制企业都成立。

与结论 4.1 类似，可以发现，并购效率条件对国有企业背景强的企业更加严格。另外，通过计算可以发现 $e_{\pi_i}^T > e_{\pi_i}$，这意味着跨国并购的利润条件放松了。这个结果是十分符合直觉的，因为企业为了规避关税有更强的动机进行跨国并购。

相似地，当 $0 < e < \dfrac{-1 + 2c + 3c\beta + 3t\beta}{4c\beta}$，母国的消费者剩余增加（$P^N - P^M \geqslant 0$)，而 $\dfrac{-1 + 2c + 3c\beta + 3t\beta}{4c\beta} < e < 1$，局外人的利润增加。

同样，笔者将考虑以下三种情形：

情形 1：无私政府（$\alpha = 1$）

使用与前文同样的分析方法，得到以下结论：

结论 4.6：当 H 国对外国企业设置关税，且母国政府是无私政府时，当且仅当 $0 < e < e_W^T$，[②] 母国政府将批准并购，否则将阻止并购。

结论 4.6 与结论 4.2 基本类似，除了 $e_W^T < e_W$。原因很简单：相比于自由贸易情形，在贸易保护情形下，消费者剩余减少了。企业 2 增加的利

润不能补偿消费者剩余和关税的损失。因此,在贸易保护情形下,想要并购获得母国政府批准,对并购效率的要求更高。

情形 2:政治驱动型政府($\alpha=0$)

当母国政府只在意来自利益集团的游说资金时,首先需要分析局内人和局外人的利益是否同向。当 $0<e<\dfrac{-1+2c+3c\beta+3t\beta}{4c\beta}$,局内人和局外人有同向利益;而当 $\dfrac{-1+2c+3c\beta+3t\beta}{4c\beta}<e<1$,两家企业游说方向相反。与第 3 小节类似,局内人的出价总是高于局外人,因此母国政府总是会批准跨国并购。

与第 3 小节的情形类似,可以得到以下结论:

结论 4.7:当母国政府只考虑游说资金时,总是会同意跨国并购。

虽然在贸易保护情形下,局内人和局外人的游说资金都变少了,结论 4.7 与第 3 节中的情形 2 是类似的。

情形 3:平衡型政府($0<\alpha<1$)

平衡型政府会同时考虑社会福利和游说资金。同样地,考虑两种情形:局内人和局外人有同向利益和反向利益,经过计算,得出以下结论:

结论 4.8:当 H 国对外国企业设置关税,母国政府不仅考虑本国社会福利,还看重来自利益集团的游说资金时,可以得到以下结论:

①当局内人和局外人的利益同向,当 $0<\alpha<\varphi^T$ 且 $0<e<1$,或者当 $\varphi^T<\alpha<1$ 且 $0<e<e_G^T$ 时,母国政府总是会同意跨国并购;[①]

---

① 具体结果详见附录。

②当局内人和局外人的利益方向相反时,母国政府总是会同意并购。

结论 4.8 与结论 4.4 相似,当母国政府足够看重游说资金时,总是会同意并购。而且,母国政府总是更偏好私有股份比重高的并购方企业。然而,由于 $e_G^T < e_{\pi_l}^T$,并购得到批准时,相对于自由贸易情形,母国政府对并购效率的要求更高。

4.4 小 结

本章主要构造了一个混合寡头游说竞争模型。通过分析,主要得出了以下结论:

首先,在自由贸易情形下,一个最大化社会福利的母国政府的跨国并购决策主要取决于外国并购方企业的国有股份比重和跨国并购效率。当国有比重足够低且跨国并购效率较高时,母国政府倾向于批准该跨国并购。而且,随着国有股份比重的下降,并购被批准的范围也会相应地扩大。另外,母国政府更加偏好发生在边际成本高的行业的并购,总是会拒绝发生在边际成本很低的行业的并购。

其次,当母国政府完全看重来自利益集团的游说资金时,那它总是会批准并购。

最后,当母国政府同时考虑本国社会福利和游说资金时,相较于无私政府的情形,同意并购的范围扩大了。而且,当母国政府足够看重游说资金时,并购总是可以得到批准。

模型在现实中也可以找到对应的证据。根据汤姆森金融并购数据库,私营企业的跨国并购成功率要高于国有企业的并购成功率。[①] 例如,吉利并购沃尔沃符合本章对成功并购条件的描述:首先,吉利是一个完全私有的企业;其次,并购发生在边际成本高的行业;最后,并购效率较高。

---

① 根据汤姆森跨国并购数据库,私有企业和国有企业的跨国并购成功率分别为52.1%和47.3%。

5

企业所有制、游说与跨国
并购双边贸易模型

5.1   引   言

前一章中构建了一个混合寡头游说竞争模型,而在现实世界中,两个国家的贸易通常是双边的,企业在决策时需要同时考虑两个市场,特别是混合所有制企业在最大化利润的同时也要背负政府赋予的社会责任,因此本章在上章基础上,将模型扩展为双边混合寡头游说竞争模型。与前一章假设类似,同样假设企业 1 拥有一定比重的国有股份,不同的是,改变了混合所有制企业的目标函数,引入了跨国并购行业竞争程度。假设并购方企业是具有一定国有背景的企业,承担政府赋予的社会责任,在决策过程中需要同时考虑企业利润和社会福利,通过模型深入分析考虑社会责任的并购方企业通过游说影响跨国并购决策的内在机制。

本章的构造模型的三阶段博弈如下:在第一阶段,企业 1 和企业 2 决定是否并购,并且代表企业的游说者决定给母国政府的游说资金;第二阶段,母国政府通过考虑社会福利或者游说资金,决定是否同意并购;第三阶段,三家企业在母国市场和外国市场上同时进行古诺数量竞争。

通过分析,本章主要得出以下结论:

首先,在两个国家都实施自由贸易的情形下,如果母国政府是一个无私政府,则母国政府的并购决策很大程度上取决于外国企业国有股份比重和并购效率。当外国企业的国有比重较低,且并购效率较高时,母国政府倾向于同意并购。如果母国政府只看重来自利益集团的游说资金,则总是会同意跨国并购。

其次,考虑以下两种情形:①外国的贸易条件更加自由;②母国的贸易条件更加自由。可以发现,对于第一种情形,结果与两个国家都实施自由贸易的情形是类似的,然而对于第二种情形,母国政府总是会同意该并购。

最后,关于行业内竞争程度与母国政府并购政策之间的关系,笔者发现,当母国政府是无私政府,且行业竞争程度很高时,母国政府会倾向于同意并购。然而如果母国政府是政治驱动型的,只考虑游说资金,则结果正好相反,母国政府将会同意行业竞争程度较低的并购。

之所以得出以上结论,是因为跨国并购同时产生了竞争削弱效应和产量减少效应。前一个效应导致了企业 2 和企业 3 利润的增加,而后一个效应导致了消费者剩余的减少。因此,母国政府的最终决策取决于这两种效应哪一种占主导地位。以上述第一个结论为例:如果外国企业的国有股份比重过高,则企业 1 更加关注外国的社会福利,因此产量会更高,这导致了并购之后的局内人利润的减少,此时,并购之后局内人可以支付给企业 2 的利润变少了。而且由于竞争削弱效应和产量减少效应的作用,企业 3 的利润增加十分有限。因此虽然在跨国并购发生之后企业 2 和企业 3 的利润都增加了,但增加的程度不足以抵消消费者剩余的损失。因此只有当外国企业国有股份比重较低时,无私的母国政府才会同意跨国并购。而且,跨国并购的效率越高,企业 2 的利润增加就越多,母国政府就越容易批准并购。然而,当母国政府只考虑游说资金时,此时母国政府不考虑消费者的损失,由于并购之后企业 2 和企业 3 的利润增加了,因此,母国政府总是会同意该并购。

　　本章的主要安排如下:第二部分介绍双边混合寡头模型的设定;第三部分分析企业的并购决定和母国政府的并购政策;第四部分分析行业竞争程度如何影响母国政府的并购政策;第五部分小结。

5.2　模型设定

5.2.1　经济环境设定

　　考虑一个有两个国家的双边多寡头贸易模型,两个国家分别用 H 国和 F 国表示,有三家企业,分别用企业 1、企业 2 和企业 3 表示,企业 1 位于 F 国,而企业 2 和企业 3 位于 H 国。假设企业 1 是公共部门和私有部门共同持股的部分私有化企业,且 F 国的政府拥有企业 I 的股分比重为 $s(s\in[0,1])$。三家企业都在母国和外国市场上与其他两家企业竞争。为了简化计算,将三家企业的边际成本标准化为 1。F 国和 H 国的政府分别对外国企业的出口产品收取数量关税 t 和 T[①]。为了简化讨论,假设 F 国和 H 国的市场是分割的。

　　假设 F 国和 H 国分别有一位代表性消费者,将 F 国和 H 国的代表性消费者的效用函数分别定义为

---

① 本章中假设 $0\leqslant t, T\leqslant\frac{a}{3}$ 以保证企业产量为正。

$$U(q'_1,q'_2,q'_3)=a(q'_1+q'_2+q'_3)-\frac{1}{2}(q'_1+q'_2+q'_3)^2 \qquad (5\text{-}1)$$

$$U(q_1,q_2,q_3)=a(q_1+q_2+q_3)-\frac{1}{2}(q_1+q_2+q_3)^2 \qquad (5\text{-}2)$$

其中,q'_i($i=1,2,3$)和 q_i($i=1,2,3$)表示企业 i 分别在 F 国和 H 国的产品销量。上标"'"表示在 F 国的情况(后文中都以此表示)。

根据以上效用函数,很容易得出 F 国和 H 国的反需求函数,分别为

$$P'=a-\sum q'_i,i=1,2,3 \qquad (5\text{-}3)$$

$$P=a-\sum q_i,i=1,2,3 \qquad (5\text{-}4)$$

其中,P' 和 P 分别表示产品在 F 国和 H 国的价格。

根据(5-3)和(5-4)式,可以定义出三家企业分别在 F 国和 H 国的利润函数

$$\pi'_1=(a-\sum q'_i-1)q'_1$$

$$\pi'_2=(a-\sum q'_i-1-t)q'_2 \qquad (5\text{-}5)$$

$$\pi'_3=(a-\sum q'_i-1-t)q'_3$$

$$\pi_1=(a-\sum q_i-1-T)q_1$$

$$\pi_2=(a-\sum q_i-1)q_2 \qquad (5\text{-}6)$$

$$\pi_3=(a-\sum q_i-1)q_3$$

其中,π'_i($i=1,2,3$)和 π_i($i=1,2,3$)分别表示企业 i 在 F 国和 H 国的利润。

根据 Matsumura(1998),假设企业 1 通过最大化 F 国的社会福利(社

会福利函数将在下章中定义)以及企业利润的加权平均来选择它在 F 国的产量。因此将企业 1 的目标函数定义为

$$V = sW' + (1-s)\pi_1'$$ (5-7)

在并购没有发生的情况下,将 F 国和 H 国社会福利函数定义为本国公司的利润、消费者剩余和关税收入三者之和

$$W' = CS' + \pi_1' + \pi_1 + t(q_2' + q_3')$$ (5-8)

$$W = CS + \pi_2 + \pi_3 + \pi_2' + \pi_3' + Tq_1$$ (5-9)

其中,W' 和 W 分别表示 F 国和 H 国的社会福利。

$CS'\left[CS' = \dfrac{1}{2}(q_1' + q_2' + q_3')^2\right]$ 以及 $CS\left[CS = \dfrac{1}{2}(q_1 + q_2 + q_3)^2\right]$ 分别表示 F 国和 H 国的消费者剩余。

如果 F 国的企业 1 并购了 H 国的企业 2,则并购后行业中只剩下两家企业:一个局内人(两家企业并购后形成的企业)和一个局外人(企业 3)。并购后,企业在 F 国和 H 国的产出分别用 q_I^M 和 q_I^M 表示,而并购发生之后,企业 3 在 F 国和 H 国的产出分别用 q_O^M 和 q_O^M 表示。两家企业(企业 1 和企业 2)并购之后形成了一个更大的企业实体,并且减少了行业内的竞争。通过联合与重组它们的资源与资产,假定局内人可以获得效率,将单位生产成本降低为 e,其中 $e \in [0,1]$ 是效率增益(Motta,Ruta,2012)。另外,企业 1 通过并购企业 2 还可以规避 H 国的关税。那么局内人和局外人在 F 国和 H 国的利润函数分别为

$$\pi_I^M = (a - \sum q_i^M - e)q_I^M$$

$$\pi_O^M = (a - \sum q_i^M - 1 - t)q_O^M, i = I, O$$ (5-10)

$$\pi_I^M = (a - \sum q_i^M - e)q_I^M$$

$$\pi_O^M = (a - \sum q_i^M - 1)q_O^M, i = I, O \tag{5-11}$$

其中,下标 I 和 O 分别表示局内人和局外人,上标 M 表示并购发生的情况(后文中都用此上标表示并购后的情形)。

与企业 2 并购后的企业通过最大化 F 国的社会福利以及自身利润(分别在 F 国和 H 国的利润)的加权平均,选择其在 F 国和 H 国的产出

$$V^M = sW^{M'} + (1-s)(\pi_I^{M'} + \pi_I^M) \tag{5-12}$$

在假设 F 国和 H 国的市场完全分割的情况下,最大化(5-12)式就等同于同时在 F 国选择 $q_I^{M'}$ 来最大化 $sW^{M'} + (1-s)\pi_I^{M'}$,以及在 H 国选择 q_I^M 来最大化 $\pi_I^M = (a - \sum q_i^M - e)q_I^M$。

为了进一步研究并购后的社会福利,必须明确并购产生的利润在并购者和被并购者之间如何分配。假设企业 1 的谈判能力为 $\theta(\in [0,1])$,θ 也表示并购发生后企业 1 得到的利润百分比。因此,F 国和 H 国的社会福利函数分别可以表示为

$$W^{M'} = CS^{M'} + \theta(\pi_I^{M'} + \pi_I^M) + tq_O^{M'} \tag{5-13}$$

$$W^M = CS^M + (1-\theta)(\pi_I^{M'} + \pi_I^M) + \pi_O^{M'} + \pi_O^M \tag{5-14}$$

5.2.2 政治环境设定

政治环境的模型设定与前一章类似,将母国政府的目标函数设定为

$$G(x) = \alpha W(x) + (1-\alpha)\sum_{i=I,O} C_i(x) \tag{5-15}$$

将局内人和局外人的游说资金函数定义为：

$$C_i(x) = \max\{0, \Delta\pi_i\}, i = I, O \tag{5-16}$$

其中，$\Delta\pi_i$ 表示与并购政策相关的游说者 i 的支付变化。为了简化讨论，在本章中假设只有 H 国的企业进行游说，且游说的对象为 H 国政府，也就是说企业 1 不游说 H 国政府。因此，H 国政府收到来自局内人的游说资金为 $(1-\theta)(\pi_I^{M'} + \pi_I^M) - (\pi_2^{M'} + \pi_2^M)$。

5.3　模型分析

为了研究企业 1 和企业 2 的并购决定，即企业 1 是否提出并购提议，企业 2 是否接受并购提议，考虑以下两种情形：①没有并购发生的情形，也就是说企业 1 不并购企业 2；②并购发生的情形，即企业 1 并购企业 2 并建立一个新的企业，且 F 国政府持有这个新企业 s 份额的股份。

首先考虑没有并购发生的情形。博弈第三阶段，企业 1 最大化(5-6)式选择 H 国的产出，最大化(5-7)式选择 F 国的产出；企业 2 和企业 3 最大化(5-5)式中定义的利润函数选择它们在 F 国的产出水平，最大化(5-6)式中定义的利润函数选择它们在 H 国的产出水平。通过一阶条件，得到以下结果：

F 国的结果为

$$q_1' = \frac{(a-1)(1+2s) + 2t(1-s)}{4-s}$$

$$q_2' = q_3' = \frac{(a-1)(1-s)-(2-s)t}{4-s}$$

$$p' = \frac{3+a-as+2t}{4-s}$$

$$\pi_1' = \frac{[(a-1)(1-s)+2t][-1+a+2as+2t-2s(1+t)]}{(4-s)^2}$$

$$\pi_2' = \pi_3' = \frac{[(a-1)(1-s)-(2-s)t]^2}{(4-s)^2}$$

$$CS' = \frac{(3-3a+2t)^2}{2(4-s)^2}$$

$$W' = \frac{(3-3a+2t)^2}{2(-4+s)^2}$$

$$-\frac{2t(-1+a+s-as-2t+st)}{-4+s}$$

$$+\frac{(-1+a+s-as+2t)[-1+a+2as+2t-2s(1+t)]}{(-4+s)^2}$$

$$+\frac{1}{16}(-1+a-3T)^2$$

H 国的结果为

$$q_1 = \frac{1}{4}(a-1-3T), q_2 = q_3 = \frac{1}{4}(a-1+T), p = \frac{1}{4}(3+a+T)$$

$$\pi_1 = \frac{1}{16}(-1+a-3T)^2, \pi_2 = \pi_3 = \frac{1}{16}(a-1+T)^2$$

$$CS = \frac{1}{32}(3-3a+T)^2$$

$$W = \frac{1}{32}[17+17a^2+16t+16t^2-2a(17+8t-5T)-10T-19T^2]$$

当企业 1 并购企业 2，它们建立一个部分私有化企业，称为局内人，称企业 3 为局外人。局内人最大化(5-11)式定义的利润函数来选择它在 H 国的产出，且最大化 $sW^M + (1-s)\pi_I^M$ 来决定它在 F 国的产出。局外人最大化(5-10)式定义的利润函数来选择它在 F 国的产出，且最大化 (5-11)式定义的利润函数来选择它在 H 国的产出。通过同时求解以上最优化问题，得出以下结果：

F 国的结果为

$$q_I^{M'} = \frac{a+1-2e+as-s+t-st}{3-s}$$

$$q_O^{M'} = \frac{a+e-as+(-2+s)(1+t)}{3-s}$$

$$p^{M'} = \frac{1+a+e-as+t}{3-s}$$

$$\pi_I^{M'} = \frac{[1+a+e(-2+s)-as+t][a(1+s)+(1-s)(1+t)-2e]}{(3-s)^2}$$

$$\pi_O^{M'} = \frac{[a+e-as+(-2+s)(1+t)]^2}{(-3+s)^2}$$

$$CS^{M'} = \frac{(1-2a+e+t)^2}{2(3-s)^2}$$

$$W^{M'} = \frac{(1-2a+e+t)^2}{2(-3+s)^2}$$
$$+\theta\left\{\frac{[1+a+e(-2+s)-as+t][a(1+s)+(1-s)(1+t)-2e]}{(3-s)^2}\right.$$
$$\left.+\frac{1}{9}(a+1-2e)^2\right\}+t\left[\left(\frac{a+e-as+(-2+s)(1+t)}{3-s}\right.\right.$$

H 国的结果为

$$q_I^M = \frac{1}{3}(a+1-2e), q_O^M = \frac{1}{3}(a-2+e), p^M = \frac{1}{3}(1+a+e)$$

$$\pi_I^M = \frac{1}{9}(a+1-2e)^2, \pi_O^M = \frac{1}{9}(a-2+e)^2$$

$$CS^M = \frac{1}{18}(1-2a+e)^2$$

$$W^M = \frac{1}{18}(1-2a+e)^2$$

$$+\theta\left\{\frac{[1+a+e(-2+s)-as+t][a(1+s)+(1-s)(1+t)-2e]}{(3-s)^2}\right.$$

$$+\frac{1}{9}(a+1-2e)^2\right\}$$

$$+\left\{\frac{[a+e-as+(-2+s)(1+t)]^2}{(-3+s)^2}+\frac{1}{9}(a-2+e)^2\right\}$$

5.3.1 企业并购的利润条件分析

并购具有收益性是并购活动发生的必要条件。以下两个条件必须同时满足,并购才会发生

$$\theta(\pi_I^{M'} + \pi_I^M) - (\pi_1^{M'} + \pi_1^M) \geqslant 0 \qquad (5-17)$$

$$(1-\theta)(\pi_I^{M'} + \pi_I^M) - (\pi_2^{M'} + \pi_2^M) \geqslant 0 \qquad (5-18)$$

以上两个式子同时成立保证了并购对于企业 1 和企业 2 都是有利可图的,即具有并购的利润条件。

现在考虑研究特殊利益集团如何影响 H 国政府的并购政策。在博弈的第二阶段,只有以下条件满足,H 国才会同意并购提议

$$\alpha[W(0) - W(1)] + (1-\alpha)\left[\sum_{i=I,O} C_i(0) - \sum_{i=I,O} C_i(1)\right] \geqslant 0 \quad (5-19)$$

为了简化讨论,只考虑两种极端情形:①最大化社会福利的无私型政府,即 $\alpha=1$;②只考虑游说资金的政治驱动型政府,即 $\alpha=0$。

5.3.2　无私政府的并购决策

当 H 国政府是最大化社会福利的无私型政府($\alpha=1$)时,若其批准并购提案,则政府的收益(或者此情形下的社会福利)为 $W(0)=CS^M+(1-\theta)(\pi_I^M+\pi_1^M)+\pi_O^M+\pi_O^M$;若其拒绝并购提案,那么它的收益为 $W(1)=CS+\pi_2+\pi_3+\pi_2'+\pi_3'+Tq_1$。因此,当且仅当 $W(0)\geqslant W(1)$ 成立时 H 国政府才会支持并购。

笔者将考虑以下三种不同的情况。

5.3.2.1　两国都是自由贸易($t=0$, $T=0$)

首先考虑企业 1 和企业 2 的并购决定,即并购利润条件问题。然后考虑 H 国政府的并购政策。假设 $a=100$[①],可以发现当 $0<\theta\leqslant0.56$ 时,企业不愿意并购;当 $0.56<\theta\leqslant0.68$ 时,企业愿意合并,而 H 国的并购政策受到 e 和 s 的范围的影响。现在将关注点放在当 $0.56<\theta\leqslant0.68$ 的情况。

不失一般性地,假设 $\theta=0.65$。在此条件下,$\theta(\pi_I^M+\pi_1^M)=(\pi_1^{M'}+\pi_1^M)$ 总是能够成立,当且仅当 $s_{p_1}<s<s_{p_2}$ 时,$(1-\theta)(\pi_I^M+\pi_1^M)=(\pi_2^{M'}+\pi_2^M)$ 总是成立。其中 s_{p_1} 和 s_{p_2} 是方程 $(1-\theta)(\pi_I^{M'}+\pi_1^M)=(\pi_2^{M'}+\pi_2^M)$ 的两个解析解。由此可以得到以下结论:

---

① 本文假设市场无穷大,因此 a 只要足够大,对结果并无影响。

结论 5.1：当两个国家都采取自由贸易政策，当且仅当 $s_{p_1}<s<s_{p_2}$ 时，$\theta(\pi_I^M+\pi_I^M)>(\pi_1^M+\pi_1^M)$ 和 $(1-\theta)(\pi_I^M+\pi_I^M)>(\pi_2^M+\pi_2^M)$ 总是成立，其中 $0<s_{p_1}<s_{p_2}<1$。

结论 5.1 显示，只有当 F 国在企业 1 中的股份占比取中间值时（即 $s_{p_1}<s<s_{p_2}$），企业 1 和企业 2 才会愿意合并。当股份占比过低或者过高（即当 $s<s_{p_1}$ 或者 $s>s_{p_2}$）时，企业 1 和企业 2 将不愿意合并。由于 s_{p_1} 和 s_{p_2} 是 e 的函数，两家企业的并购决定也取决于参数 e。当参数 s 取接近于 s_{p_1} 或者 s_{p_2} 的中间值时，参数 e 在解释两家企业的并购决定时起到关键的作用。参数 s 取中间值时，如果参数 e 足够低（足够高），企业 1 和企业 2 不愿意（愿意）并购。若 e 接近 0，称并购是有效率的。在此情况下，由于并购带来的成本优势，并购的企业实体可以占据更多的市场份额。

然后再考虑 H 国政府的并购政策，若 $W(0)\geqslant W(1)$，政府将批准并购。用 s_{w_1} 和 s_{w_2} 表示方程 $W(0)=W(1)$ 的解。得到以下结论：

结论 5.2：当两个国家都采取自由贸易政策，当且仅当 $s_{w_1}<s<s_{w_2}$ 时，$W(0)>W(1)$ 成立，其中 $0<s_{w_1}<s_{w_2}<1$。

结论 5.2 显示了只有当 F 国在企业 1 中的股份占比取中间值时（即 $s_{w_1}<s<s_{w_2}$），H 国政府才会同意并购。当股份占比过低或者过高（即当 $s<s_{w_1}$ 或者 $s>s_{w_2}$ 时），政府将否决并购提议。由于 s_{w_1} 和 s_{w_2} 是 e 的函数，H 国的并购决定也取决于参数 e。当参数 s 取接近于 s_{w_1} 或者 s_{w_2} 的中间值时，参数 e 在解释 H 国的并购政策时起到关键的作用。参数 s 取中间值时，如果参数 e 足够低（足够高），政府将不会（会）批准并购。若 e 接近 0，并购是有效率的。在此情况下，H 国的并购后福利增加了，因为 $W(0)$ 是

参数 e 的增函数。

而且,通过计算发现 $s_{p_1}<s_{w_1}<s_{p_2}<s_{w_2}$。通过合并结论 5.1 和 5.2,得到以下结论:

结论 5.3:若两国政府采取自由贸易政策($t=0$,$T=0$),当 $0<s<s_{p_1}$ 或 $s_{w_2}<s<1$(区域 Ⅰ 和区域 Ⅴ),企业 1 和企业 2 不愿意并购,且 H 国政府不批准并购;当 $s_{p_1}<s<s_{w_1}$(区域 Ⅱ),两家企业愿意并购,但是 H 国政府不批准并购;当 $s_{w_1}<s<s_{p_2}$(区域 Ⅲ),两家企业愿意并购,且 H 国政府同意并购提议;当 $s_{p_2}<s<s_{w_2}$(区域 Ⅳ),H 国政府同意并购,但是两家企业不愿意合并(见图 5.1)。

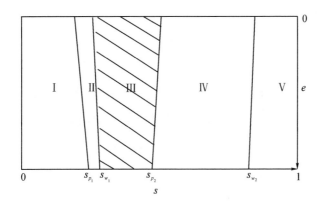

图 5.1 结论 5.3 的示意图

结论 5.3 显示了当参数 s 取中间值($s_{w_1}<s<s_{p_2}$)时,两家企业愿意合并且政府会批准并购。而且,当并购更加有效率的时候,母国政府更倾向于批准并购,这与 Motta 和 Ruta(2012)的结论是一致的。

结论 5.3 背后的直觉很简单。当两国政府采取自由贸易政策,H 国政府不仅要考虑企业 2 和企业 3 在母国和外国两个市场的利润,也要考虑母国的消费者剩余。一方面,跨国并购产生了竞争削弱效应,导致了企业 2 和企业 3 利润的增加;另一方面,并购之后母国市场上的总产出减少了(产出减少效应),这将导致母国消费者剩余的减少。因此,H 国政府的并购政策取决于这两种效应中哪一种占主导地位。如果外国政府在企业 1 中的股份占比过高(即 $s_{w_1} < s \leqslant 1$),更加注重 F 国社会福利的企业 1 会相应地增加产出,这将导致企业 1 和企业 2 合并后的企业实体的利润减少,因此并购后分配给企业 2 的利润也将相应减少。而且企业 3 的利润增加十分有限,这是由于以下两种相反效应的互相作用:竞争削弱效应和产出替代效应。因此,虽然跨国并购之后企业 2 和企业 3 的利润增加了,但是增加的程度很少,不能抵消因为并购带来的 H 国消费者福利的损失。类似地,如果外国政府在企业 1 中的股份占比过低(即 $0 \leqslant s < s_{w_2}$),企业 1 更加看重企业利润,且两家企业并购后的企业实体变得更加有竞争力,导致企业 3 在母国和外国市场上的利润增加很少。而且,企业 2 和企业 3 的利润增加不能抵消 H 国的消费者福利损失。因此,只有当外国政府持有的企业 1 股份取中间值时,无私型 H 国政府才会批准并购。另外,当并购更有效率的时候,企业 2 的利润增加程度变大,H 国政府也更容易批准并购。

5.3.2.2 F 国贸易更加自由($t < T$)

与第一种情形类似,假设 $a = 100$ 且 $\theta = 0.7$[①]。为了简化分析,假设

---

① 为了保证并购能够发生,也就是说企业 2 有利可图,θ 必须大于 0.6。

$t=10$ 且 $T=0$ [①]。

可以发现,当 $\tilde{s}_{p_1}<s<\tilde{s}_{p_2}$ 时,$\theta(\pi_1^{M'}+\pi_I^M)>(\pi_1^{M'}+\pi_1^M)$ 和 $(1-\theta)(\pi_I^{M'}+\pi_I^M)>(\pi_2^{M'}+\pi_2^M)$ 同时成立。用 $\tilde{s}_{w_1}$ 和 $\tilde{s}_{w_2}$ 表示等式 $W(0)=W(1)$ 的两个解。计算后发现 $\tilde{s}_{p_1}<\tilde{s}_{w_1}<\tilde{s}_{p_2}<\tilde{s}_{w_2}$。因此得到了类似于结论 5.3 的结论 5.4:

结论 5.4: 若 F 国的贸易更加自由 $(t<T)$,当 $0<s<\tilde{s}_{p_1}$ 且 $\tilde{s}_{w_2}<s<1$ (区域 I 和区域 V)时,企业 1 和企业 2 不愿意并购,且 H 国政府不批准并购;当 $\tilde{s}_{p_1}<s<\tilde{s}_{w_1}$ (区域 II)时,两家企业愿意并购,但是 H 国政府不批准并购;当 $\tilde{s}_{w_1}<s<\tilde{s}_{p_2}$ (区域 III)时,两家企业愿意合并,且 H 国政府同意并购提议;当 $\tilde{s}_{p_2}<s<\tilde{s}_{w_2}$ (区域 IV)时,H 国政府同意并购,但是两家企业不愿意合并(见图 5.2)。

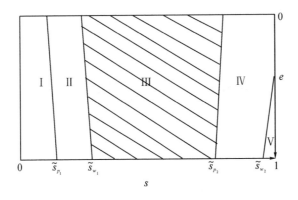

图 5.2 结论 5.4 的示意图

---

① T 不能设置过大,否则并购的利润条件不能满足。

与结论 5.3 类似,结论 5.4 显示了当参数 s 取中间值 $\hat{s}_{w_1}<s<\hat{s}_{p_2}$ 两家企业愿意合并且政府会批准并购。且当并购更加有效率时,母国政府更容易批准并购。结论 5.4 的直觉与结论 5.3 类似,除了在此情形中,H 国政府也会把关税收入考虑在内。当 $0<s<\hat{s}_{w_1}$ 或者 $\hat{s}_{w_2}<s<1$,并购后企业 2 和企业 3 的利润不能抵消并购导致的消费者剩余损失和关税收入的损失。

5.3.2.3　H 国贸易更加自由($t>T$)

在此情形下,仍然假设 $a=100$ 以及 $\theta=0.7$[①]。为了简化分析,假设 $t=10$ 且 $T=0$[②]。可以发现当 $\hat{s}_{p_1}<s<\hat{s}_{p_2}$ 时,$\theta(\pi_1^{M'}+\pi_1^M)>(\pi_1^{M'}+\pi_1^M)$ 和 $(1-\theta)(\pi_1^{M'}+\pi_1^M)>(\pi_2^{M'}+\pi_2^M)$ 同时成立。用 $\hat{s}_{w_1}$ 和 $\hat{s}_{w_2}$ 表示等式 $W(0)=W(1)$ 的两个解。计算后发现 $\hat{s}_{w_1}<\hat{s}_{p_1}<\hat{s}_{p_2}<\hat{s}_{w_2}$。因此得到了以下结论:

结论 5.5:若 H 国的贸易更加自由($t=10$,$T=0$),当 $0<s<\hat{s}_{w_1}$ 且 $\hat{s}_{w_2}<s<1$(区域 Ⅰ 和区域 Ⅴ)时,企业 1 和企业 2 不愿意并购,且 H 国政府不批准并购;当 $\hat{s}_{w_1}<s<\hat{s}_{p_1}$ 且 $\hat{s}_{p_2}<s<\hat{s}_{w_2}$(区域 Ⅱ 和区域 Ⅳ)时,H 国政府同意并购,但是两家企业不愿意并购;当 $\hat{s}_{p_1}<s<\hat{s}_{p_2}$(区域 Ⅲ)时,两家企业愿意合并,且 H 国政府同意并购提议(见图 5.3)。

结论 5.5 显示了只要两家企业愿意合并,H 国政府总是会同意并购提议。而且政府更加偏向于有效率的并购。可以发现,结论 5.5 与前两个结论有明显的不同。这是因为在此情形中,只有 F 国征收关税。因此

---

① 为了保证并购发生,即企业 1 的利润条件满足,θ 必须大于 0.6。

② t 不能设置过大,否则并购的利润条件不能满足。

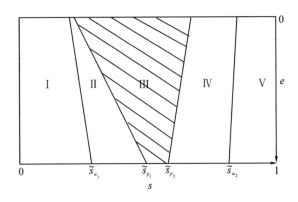

图 5.3　结论 5.5 的示意图

并购发生之后,企业 2 的利润大幅度增加了,使得企业 2 和企业 3 的利润增加主导了母国消费者剩余的损失。

5.3.3　政治驱动型政府的并购决策

现在考虑当 H 国政府只考虑来自利益集团游说资金时的情形($\alpha=0$)。在此情形下,最重要的是考察局外人和局内人的利益是冲突的或是一致的。在 H 国的局内人(企业 2)的支付的变化为$(1-\theta)(\pi_1^M+\pi_1^M)-(\pi_2'+\pi_2)$,而局外人(企业 3)的支付变化为$(\pi_O^M+\pi_O^M)-(\pi_3'+\pi_3)$。在所有三种情形中(两国都是自由贸易、F 国贸易较自由、H 国贸易较自由)位于 H 国的局内人和局外人的利润都增加了。因此局内人和局外人都有动机游说政府批准并购,得到以下结论 5.6:

结论 5.6:当 H 国政府只看重来自企业 2 和企业 3 的游说资金时,无论是 $t=T=0$,$t<T$ 或是 $t>T$,只要并购的利润条件满足,政府总是会批准并购提议。

结论 5.6 背后的直觉为:当政府 H 是政治驱动型的,它只考虑跨国并购发生后企业 2 和企业 3 的利润变化,这是根据纳什真实均衡的定义得到的。H 国政府不会考虑本国的消费者剩余。由于企业 2 和企业 3 在并购后利润都增加了,政府总是会批准并购。

5.4 模型扩展:行业竞争程度影响并购决策的分析

这个部分,笔者将讨论 H 国的行业竞争程度如何影响 H 国政府的并购政策。将 H 国的企业数量增加为 n,因此在国内外市场上就有 $n+1$ 个企业。同样考虑两种情形:第一种,没有并购发生的情形,也就是说企业 1 和其他企业不合并,则相应的市场结构是混合多寡头;第二种,并购发生的情形,也就是企业 1 并购企业 2 建立新的企业(局内人),且 F 国政府在此新企业中股份占比为 s,另外此时有 $n-1$ 个局外人。为了简化分析,将企业 1 的讨价还价能力设为 $\theta=1/2$。

采用与第三部分相似的计算过程,得出以下并购没有发生情形下的结果:

F 国的结果为

$$q_1' = \frac{-1+a+nt-ns+ans-nts}{2+n-s}$$

$$q_2' = q_3' = \cdots = q_{n+1}' = \frac{-1+a+s-as-2t+st}{2+n-s}$$

$$p' = \frac{1+a+n+nt-as}{2+n-s}$$

$$\pi_1' = \frac{(1-a-nt-s+as)[1+nt(-1+s)+ns-a(1+ns)]}{(2+n-s)^2}$$

$$\pi_2' = \pi_3' = \cdots = \pi_{n+1}' = \frac{(1-a-s+as+2t-st)^2}{(2+n-s)^2}$$

$$CS' = \frac{\{-1+a(1+n)+nt-nts+n[-1+(-2+s)t]\}^2}{2(2+n-s)^2}$$

$$W' = \frac{\{-1+a(1+n)+nt-nts+n[-1+(-2+s)t]\}^2}{2(2+n-s)^2}$$

$$+ \left\{ -\frac{(-1+a+nt+s-as)[1+nt(-1+s)+ns-a(1+ns)]}{(2+n-s)^2} \right\}$$

$$+ \frac{(1-a+T+nT)^2}{(2+n)^2} + nt\left(\frac{-1+a+s-as-2t+st}{2+n-s}\right)$$

H 国的结果为

$$q_1 = \frac{a-1-(1+n)T}{2+n}, q_2 = q_3 = \cdots = q_{n+1} = \frac{a-1+T}{2+n}$$

$$p = \frac{a+1+n+T}{2+n}$$

$$\pi_1 = \frac{(1-a+T+nT)^2}{(2+n)^2}, \pi_2 = \pi_3 = \cdots = \pi_{n+1} = \frac{(-1+a+T)^2}{(2+n)^2}$$

$$CS = \frac{[1+n-a(1+n)+T]^2}{2(2+n)^2}$$

$$W = \frac{1}{32}(17+17a^2+16t+16t^2-2a(17+8t-5T)-10T-19T^2)$$

然后再计算出并购发生情形下的结果：

F 国的结果为

$$q_I^{M'} = \frac{-1+a+n-en+s-as-ns+ans-t+nt+st-nst}{1+n-s}$$

$$q_3^{M'} = q_4^{M'} = \cdots = q_{n+1}^{M'} = \frac{-2+a+e+s-as-2t+st}{1+n-s}$$

$$p^{M'} = \frac{-1+a+e+n-as-t+nt}{1+n-s}$$

$$\pi_I^{M'} =$$

$$\frac{[a(1-s)+es+n(1-e+t)-t-1]\{a[1+(-1+n)s]+(-1+s)(1+t)-n[e+(-1+s)(1+t)]\}}{(1+n-s)^2},$$

$$\pi_3^{M'} = \pi_4^{M'} = \cdots = \pi_{n+1}^{M'} = \frac{[a+e-as+(-2+s)(1+t)]^2}{(-3+s)^2}$$

$$CS^{M'} = \frac{[1-e+t-n(1-a+t)]^2}{2(1+n-s)^2}$$

$$W^{M'} = \frac{[-1+e-t+n(1-a+t)]^2}{2(1+n-s)^2}$$

$$+\frac{1}{2}\left\{\frac{[a(1-s)+es+n(1-e+t)-t-1]\{a[1+(-1+n)s]+(-1+s)(1+t)-n[e+(-1+s)(1+t)]\}}{(1+n-s)^2}\right.$$

$$\left.+\frac{(-1+a+n-en)^2}{(1+n)^2}\right\}+t(n-1)\frac{-2+a+e+s-as-2t+st}{1+n-s}$$

H 国的结果为

$$q_I^M = \frac{a-1+n-en}{1+n}, q_3^M = q_4^M = \cdots = q_{n+1}^M = \frac{a-2+e}{1+n}, p^M = \frac{a-1+e+n}{1+n}$$

$$\pi_I^M = \frac{(a-1+n-en)^2}{(1+n)^2}, \pi_3^M = \pi_4^M = \cdots = \pi_{n+1}^M = \frac{(a-2+e)^2}{(1+n)^2}$$

$$CS^M = \frac{(e-1+n-an)^2}{(2(1+n)^2)}$$

$$W^M = \frac{(-1+e+n-an)^2}{2(1+n)^2}$$

$$+\frac{1}{2}\left\{\frac{-[1+a(-1+s)-es+n(-1+e-t)+t]\{a[1+(-1+n)s]+(-1+s)(1+t)-n[e+(-1+s)(1+t)]\}}{(1+n-s)^2}\right.$$

$$+\left.\frac{(-1+a+n-en)^2}{(1+n)^2}\right\}+(n-1)\frac{[a+e-as+(-2+s)(1+t)]^2}{(1+n-s)^2}+(n-1)\frac{(-2+a+e)^2}{(1+n)^2}$$

与第三部分的分析类似,考虑两种情形。在每种情形下,再考虑以下三种情形:①自由贸易;②F 国贸易较自由;③H 国贸易较自由。同样假设 $a=100$。

情形 1:无私型政府($\alpha=1$)

使用前文中类似的分析方法,得到以下结论:

结论 5.7:当 H 国政府是无私型政府,则有:①两国都是自由贸易的情况下($t=T=0$),只要并购的利润条件满足,H 国政府总是会批准并购;②若 F 国的贸易更自由($t<T$),当 n 足够大时($n\geqslant10$),H 国政府总是会同意并购,然而,当 $n<10$ 且 e 和 s 都较大时,政府就有可能拒绝并购;③若 H 国贸易更加自由($t>T$),只要并购的利润条件满足,H 国政府总是会批准并购。

与第三部分的情形 1 有所不同,结论 5.7 显示了行业内的竞争程度会影响 H 国政府的并购决策。可以发现结论中的①②结果与第三部分的结果很不同。实际上,行业内竞争越激烈,H 国政府越倾向于批准并购。

结论 5.7 背后的直觉如下:在情形①中,H 国市场上有两个以上的企业,消费者剩余的损失变少了,因此母国企业因为并购产生的利润增加可以抵消本国消费者剩余的损失。在情形②中,H 国政府要面对关税收入的损失,因此行业内的竞争程度必须很激烈才能使本国的消费者剩余损失不会过大。在情形③中，企业2在并购之后利润大幅度地提升了，因此本国企业的利润增加弥补了消费者剩余的损失。

情形2：政治驱动型政府（$\alpha=0$）

与第三部分的情形2类似，通过比较$(1-\theta)(\pi_I^M+\pi_I^M)-(\pi_2'+\pi_2)$和$(\pi_O^M+\pi_O^M)-(\pi_3'+\pi_3)$得出以下结论：

结论5.8：当H国政府只考虑游说资金，则有：①两国都是自由贸易的情况下（$t=T=0$），只要并购的利润条件满足，H国政府总是会批准并购；②若F国的贸易更自由（$t<T$），当行业内的竞争不那么激烈时，H国政府总是会同意并购，否则政府就有可能拒绝并购；③若H国贸易更加自由（$t>T$），只要并购的利润条件满足，H国政府总是会批准并购。

结论5.8的结果与第三部分情形2的结果大致相符。然而，结论5.8显示了如果行业内竞争太激烈，政府可能会选择拒绝并购。结论5.8背后的直觉与结论5.6相似，除了情形②。当行业内竞争过于激烈，企业2的利润增加太少，不能弥补H国其他企业利润的降低。因此只有当行业内竞争不那么激烈时，H国政府才会批准并购。

5.5　小　结

目前研究部分私有化企业进行跨国水平并购的文献不多。在本章中，笔者构建了一个混合多寡头双边贸易的游说竞争模型，讨论了在何种情况下跨国并购可能发生，以及在何种情况下一个无私型或者政治驱动型的政府会批准跨国并购。笔者发现母国政府的跨国并购政策依赖于母国政府的政治倾向。当母国政府是无私型政府,若外国政府占并购发起方企业的股份较低且并购比较有效率时,母国政府会批准这种跨国并购。另一方面,当母国政府是政治驱动型政府,只要企业发起并购母国政府总是会批准。

另外,笔者还考虑了贸易自由化程度和行业内竞争程度对母国政府跨国并购决策的影响。研究发现:当外国的贸易条件更加自由时,结果与两个国家都实施自由贸易的情形是类似的,而当母国的贸易条件更加自由时,母国政府总是会同意该并购。

最后,关于行业内竞争程度与母国政府并购政策之间的关系,笔者发现当母国政府是无私政府,且行业竞争程度很高,则母国政府倾向于同意并购。而如果母国政府是政治驱动型的,只考虑游说资金,则结果正好相反,母国政府将会同意行业竞争程度较低的并购。

6

中国企业跨国并购案例分析
——基于国家安全与游说视角

6.1 中国企业跨国并购现状

从 1978 年改革开放至今，40 多年间，中国经济迅速发展，成功实施了"走出去"的战略，从 1993 年到 2014 年，中国对外直接投资额不断增长（见图 6.1）。2013 年，中国对外投资在全球排名第三位，美国和日本分居第一和第二。中国企业在国际并购市场上也十分活跃，跨国并购交易额占对外直接投资比重越来越高。特别是 2008 年金融危机以来，许多海外企业受危机影响，股价下跌，资产贬值，为中国企业跨国并购提供了有利的契机，尤其是在技术密集型产业，中国企业抓住机遇，并购上游企业，积极提高自己在价值链上的地位。纵观 20 世纪 90 年代以来中国企业在跨国并购中的表现，主要有以下特点。

6.1.1 中国企业并购数量稳步增长

中国企业并购数量稳步增长主要是在 2004 年以后，这与中国加入 WTO 和实施"走出去"的战略有关。商务部统计数据表明，在 2000 年之前，中国的跨国并购案例数仅为 7 宗，总并购金额只有 0.807 亿美元；而 2015 年，根据 Zephyr 全球并购数据库数据，中国的跨国并购案例达到了 407 宗，是有史以来并购数量最多的一年，总并购交易金额达到了 501.53 亿美元，并且频繁出现大型跨国并购交易，例如中海油以 151 亿美元收购尼克森，万达以 26 亿美元收购美国 AMC 等。在这 15 年间，中国跨国并

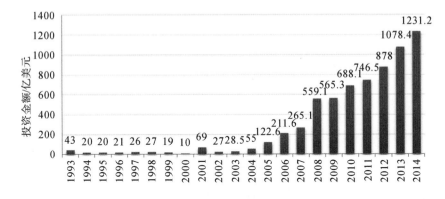

图 6.1 1993—2014 年中国对外直接投资金额

资料来源:2003 年至 2014 年中国对外直接投资统计公报。

购数量增长了 57.14 倍,并购交易额更是增长了 620.47 倍。

6.1.2 中国企业的并购范围广泛,遍布各个产业领域

中国跨国并购涉及的产业领域主要有第一产业、制造业、金属及金属制品、天然气和商务服务业、能源、工业、金融行业等。

根据张建红等(2010)从汤姆森金融公司并购数据库得出的数据可知,截至 2008 年,零售和房地产等行业的跨国并购成功率较高,而原料、金融等产业的跨国并购成功率较低。

6.1.3 对外直接投资和并购目的地主要集中于发达国家和地区

中国企业对外直接投资和并购涉及的国家和地区主要集中在亚洲、北美和欧洲,而从跨国并购的成功率来看,非洲和南美虽然并购数量少,但成功率最高,其次是北美和欧洲,最后是亚洲(张建红等,2010)。

6.1.4 中国企业跨国并购成功率总体不高,跨国并购主体主要是国有企业,私营企业比重有攀升之势

根据 Zephyr 并购数据库,从 1997 年至今,中国企业跨国并购的失败率高达 32%,而全球跨国并购的失败率仅为 13%,远低于中国企业跨国并购的失败率。虽然私营企业的跨国并购案例数比国有企业多,然而国有企业的并购总额远高于私营企业,中国企业对外直接投资和并购的主体仍以国有企业为主,非国有企业的比重在最近几年也逐年攀升(见图 6.2)。

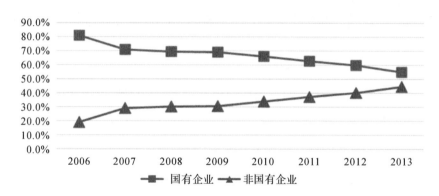

图 6.2 2006—2013 年中国对外投资和并购中国有企业和非国有企业存量占比

资料来源:2013 年中国对外直接投资统计公报。

从表 6.1 中可以看出,不同所有制的中国企业跨国并购的成功率有很大不同,国有企业的跨国并购成功率最低,其次是私营企业,最后是子公司。

表 6.1　1991—2009 年中国跨国并购交易双方的所有制情况

收购者	收购意向/宗	收购完成/宗	成功率/%
国有企业	256	121	47.3
私营企业	401	209	52.1
子公司	230	139	60.4
其他	437	210	48.1

资料来源:SDC 全球并购数据库。转引自:张建红,卫新江,海柯·艾伯斯.决定中国企业海外并购成败的因素分析[J].管理世界,2010(3):97-107.

6.2　中国企业在美国并购的政治环境

根据 Zephyr 全球并购数据库的资料,1997 年以来,中国在美国境内的并购案例占全部跨国并购数量的 25% 以上,然而近年来中国企业在美国的并购之路越来越坎坷,许多并购被冠以"威胁国家安全"之名拒之门外。中国企业在美国的跨国并购屡屡受挫与美国跨国并购的政治环境密不可分。

6.2.1　美国国家安全审查制度

6.2.1.1　美国国家安全审查制度简介

美国国家安全审查制度是由专门负责审查的外国投资委员会(The Committee on Foreign Investment in the United States,CFIUS)、拥有最终决定权的总统和负责监督投资委员会的国会组成。美国外国投资委员

会设立于 1988 年,其职能体现了 1950 年国防生产法中的《Exon-Florio
修正案》。美国外国投资委员会并非一个实体机构,它横跨了财政部、国
务院、国防部等职能部门,以及总统国家安全事务助理等总统办事机构。
CFIUS 和总统需要定期向国会提交审查报告,如 CFIUS 每年递交的年
度报告。《Exon-Florio 修正案》是美国外国投资委员会进行审查的主要
依据。该修正案也被称为《1950 年国防生产法案》的"721 条款",并且在
1991 年成为永久性法律,此后该修正案经历三次修订。该修正案将国防
涉及的产品、技术等归为威胁国家安全的因素。

美国外国投资委员会对外国并购的审查程序为:①进行非正式磋商,
磋商发生在审查程序正式启动之前,这对于并购方和审查方都是有利的,
并购方能够有充裕的时间解决可能遇到的国家安全问题,及时修改协议,
达成共识,避免给企业带来损失。审查方能更全面地了解企业情况,缓解
正式程序中的压力。②正式启动审查,美国国家安全审查主要有自愿申
报和机构通报两种方式,《2007 年外国投资和国家安全法案》规定,对于
某些符合特定条件的交易,外国投资委员会将进行强制审查,如中海油并
购优尼科、联想收购 IBM 都受到了强制审查。③进行初步审查,为期 30
天,若非所有机构都认为并购案件不会威胁国家安全,CFIUS 将启动为
期 45 天的全面调查,并在调查结束后向总统提交书面报告和处理建议,
总统根据调查报告在 15 天内做出最终决定。

美国对于外资的政策主要基于总体开放和适度管理两个原则,由于
美国多年来受益于外商投资,对于创造大量就业的外国企业,美国政府一
般持鼓励态度。比较宽松透明的投资环境推动了美国经济的发展,实际

上,自 1988 年以来,美国外国投资委员会受理了超过 1500 例并购案,其中接受调查的比例仅为 1.6%。不过外国投资委员会对于一些敏感产业的限制作用不可忽视,另外一些本土企业也利用外国投资委员会的审查,通过媒体和游说等方式,以威胁国家安全等理由阻止外国竞争企业的并购。自"911"事件以后,外资审查尺度越来越严格,而中美关系的紧张也使中国企业在美国面临前所未有的严峻挑战。另外,为了确保 CFIUS 的公平性和透明性,防止寻租行为,它须接受国会的监督。然而,国会基于特定的政治利益,可能会插手 CFIUS 的审查,干涉其独立性。CFIUS 内部各个部门的利益集团以及美国的公会和行业协会也会对其审查结果产生干扰。

6.2.1.2 中国企业遭遇美国国家安全审查

毋庸置疑,美国是中国跨国并购的重要目的国,中国在美国的并购数量占跨国并购总量的 1/4 以上。近年来中美之间摩擦不断,对中国跨国并购产生了很大的负面影响,美国对中国企业并购的"特殊对待"让中国企业在美国的并购活动举步维艰。2005 年以来,中国企业屡屡遭受外国投资委员会的调查,铩羽而归。根据美国外国投资委员会向美国国会提交的年度报告,美国 2014 年总共收到 147 宗并购案件,比 2013 年增加了50 宗,而中国对美国企业提起的并购中"受管辖交易(Covered Transactions)"几乎呈逐年上升(见表 6.2),从 2005 年的 1 宗上升到 2014 年的24 宗,是历年最高并购数量。另外,中国企业连续三年排名第一,第二和第三分别是英国和加拿大。

表 6.2 2005—2014 年中国企业对美国企业的受管制交易

年份	中国申报数量/宗	全球对美国企业并购数量/宗	占比/%
2005	1	64	1.56
2006	0	111	0.00
2007	3	138	2.17
2008	6	155	3.87
2009	4	65	6.15
2010	6	93	6.45
2011	10	111	9.01
2012	23	114	20.18
2013	21	97	21.65
2014	24	147	16.33

资料来源:2008 年至 2014 年的美国外国投资委员会年度报告。

从 2005 年以来,中国企业在美国的并购活动因国家安全问题失败的案例有很多,表 6.3 中列出了 2005 年到 2016 年间一些较典型的并购失败案例。另外,2016 年中国化工集团公司准备以 430 亿美元收购瑞士农用化学品和种子行业的巨头先正达,遭到美国外国投资委员会的审查,2016 年重庆财信企业集团试图收购美国芝加哥交易所,遭到了 45 名国会议员的强烈反对,要求投资委员会阻挠该交易达成。

表 6.3 中国企业并购美国企业因国家安全问题失败的典型案例

失败案例	年份	金额/亿美元	失败原因
中海油收购优尼科	2005	185	因国家安全问题被迫撤回
海尔收购美泰克	2005	12.8	因国家安全担忧被迫退出
华为收购 3COM	2007	22	因国家安全担忧而失败
华为竞购摩托罗拉移动网络部门	2010	12	没有通过国家安全审查

续表

失败案例	年份	金额/亿美元	失败原因
华为竞购 2Wire	2010	5.75	没有通过国家安全审查
华为竞购 3LeafSystem	2011	0.02	没有通过国家安全审查
三一集团关联公司罗尔斯 Ralls 公司收购美国俄勒冈州风电项目	2012	0.06	奥巴马以可能威胁美国国家安全为由阻止并购
中国紫光集团并购美国西部数据公司	2015	37.8	因国家安全担忧被迫放弃
金沙江收购飞利浦 LED 项目	2016	33	因国家安全担忧被迫放弃

资料来源:作者搜集整理。

6.2.2　美国游说制度

6.2.2.1　美国游说制度简介

美国的游说制度由来已久,它的存在为美国各个利益团体影响国会决策提供了途径。可以说,游说政治已经成为美国政治生活中的重要内容,美国首都华盛顿即有一支活跃在国会山 K 街(K Street)的游说大军。

美国游说政治如此盛行有以下几个原因:一是美国的宪法规定了国会不得制定法律剥夺人民和平集会和向政府请愿的权利。二是美国各个利益集团希望通过对国会议员施压获得更多利益。三是民粹政治的结果,美国民众发现很难通过选举来干预政治,从而结成特殊利益团体对政府进行游说,这为游说制度提供了广泛的民意基础。四是美国三权分立的政治体制的结果。美国宪法明确规定了国会、总统和法院三者互相制约,任何一方都不能完全决定美国的政策,这就给游说集团改变美国政策提供了政策空间。五是国会的立法需求。游说者让国会议员更全面地了解立法领域相关信息和有关领域的利益需求,以制定出更加客观的法律。

六是政府行为膨胀的结果。由于罗斯福新政之后美国政府对市场和公共政策的干预越来越多,涉及百姓生活的各个方面,政府的决策直接影响到选民的利益,因此选民对游说活动更加积极。

游说制度在美国历史上曾经历了三次重大的游说制度改革:1938年通过了《外国代理人登记法》,对外国利益集团的游说活动进行了规范和限制;1946年通过了《联邦游说管理法》,该法案规范和限制了美国的游说活动;1995年废除了《联邦游说管理法》,另立了《游说公开法》,修补了《联邦游说管理法》中的诸多漏洞;1998年国会又通过了《游说公开技术修正法》,对技术问题进行了必要的修正。

游说行业在美国有很大的市场,根据美国游说信息披露数据库(OpenSecrets.org)公布的数据,1998年至2015年,注册的游说从业人员达到了14829人(2007年和2008年金融危机之后人数有所下降),游说行业的年产值超过了32亿美元(见图6.3)。多年来美国商会(US Cham-

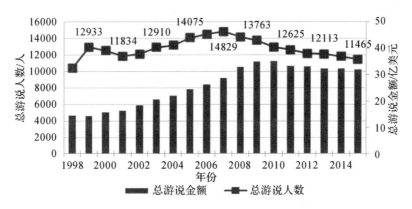

图6.3　美国游说金额与游说从业人数

资料来源:美国游说信息披露网站OpenSecrets.org。

ber of Commerce)一直稳居第一位，自 1998 年至今，其累计游说投入达到了12.25亿美元（见表 6.4）。

表 6.4   1998—2015 年美国游说团体资金投入前十名

游说团体	累投入资金/亿美元
美国商会	12.25
全美地产经纪商协会	3.51
美国医学学会	3.48
通用电气	3.34
美国医院协会	2.96
美国药品研究和制造商协会	2.86
Blue Cross Blue Shield 医疗保险	2.72
美国退休人员协会	2.56
诺斯洛普·格鲁门公司（军工）	2.31
波音	2.26

资料来源：美国游说信息披露网站 OpenSecrets. org。

6.2.2.2   中国企业在美国的游说活动

随着近年来中国企业在美国并购活动的频繁发生，游说政治逐渐出现在中国企业家的视野中，一些具有前瞻性的企业开始在美国雇用美国游说公司游说美国政府，为海外扩张铺设道路。例如阿里巴巴雇用了著名的游说公司 Duberstein Group 为其与雅虎可能的交易做准备；华为曾雇佣安可顾问（APCO Worldwide）和福莱国际传播咨询公司（Fleishman Hillard）为其游说。然而，在美国雇用专业游说公司的中国企业仍然十分稀少，表 6.5 中列举了几家游说美国政府的企业，可以发现游说政治并没有引起中国企业的重视，大部分游说活动并不持续，游说投入也远远低于同行业美国本土企业。

表 6.5 中国企业游说美国投入金额概况（单位：百万美元）

企业	2001	2005	2006	2007	2008	2009	2010	2011	2012	2013	2014	2015
阿里巴巴								0.1	0.46	0.43	0.45	0.41
华为		0.24				0.4	0.35	0.43	1.2	0.62	0.68	0.58
北京卓越航空									0.1			
四川腾中重工						0.17	0.02					
华大基因									0.03	0.07		
万向集团										0.14	0.03	
中兴		0.06					0.14	0.18	0.17	0.83	1.01	0.62
中国远洋海运	0.06		0.12	0.04	0.08	0.09	0.12	0.04	0.03	0.05	0.05	0.02
联想			0.82	1.12	1.45	0.68	0.49	0.48	0.11	0.14	0.85	0.21
中海油		2.24							0.22	0.03		
比亚迪汽车											0.05	0.04
中石油						0.05	0.04					
浙江德华										0.5		
吉利汽车							0.04	0.24	0.20	0.30	0.19	0.38

资料来源：美国游说信息披露网站 OpenSecrets. org。

6.3 中国企业跨国并购案例

6.3.1 案例简介

6.3.1.1 华为的美国并购之路

1987年，退伍军人任正非在深圳创立了华为技术有限公司，主要销售通信设备，截至2015年，华为的产品和方案应用于全球170多个国家和地区。20世纪90年代末，华为正式开始了的海外扩张之路：1996年，华为的 C&C08 机打开了香港的电信市场;1997 年,华为开始进军俄罗斯,三年间铺设了 3000 多公里光纤电缆;1998 年,华为进入印度市场;2000 年,华为沿着中国的外交线路征战亚非拉市场;2001 年,华为成功切入欧洲腹地,与欧洲本土代理商建立起良好的合作关系;2002 年,华为正式进军美国,遭遇了美国最大的竞争对手思科。

华为进入美国市场之后屡屡受挫:2003 年,初入美国市场的华为就面临与思科的知识产权之战;2007 年,华为联手美国私募投资公司贝恩资本以 22 亿美元竞购网络公司 3Com 20% 的股权,虽然贝恩公司同意该交易,最后却因为美国外国投资委员会(CFIUS)的阻挠而告失败,CFIUS给出的理由是存在国家安全的隐忧,最终惠普公司以 27 亿美元的价格并购了 3Com;2010 年,华为意欲收购美国第三大电信运营商 Sprint Nextel的网络设备,仍被 CFIUS 以同样的理由拒之门外;2010 年,华为并购2Wire 的计划再次因为 CFIUS 的阻挠而失利,虽然华为出价高于对手,但 2Wire 最终被英国 Pace 以 4.75 亿美元的价格购得;同样是 2010 年,华为同时着手收购摩托罗拉的无线网络业务,并聘请顾问游说华盛顿,然而摩托罗拉仍然采纳了 CFIUS 的建议将业务以 12 亿美元的价格出售给诺基亚西门子;2011 年,华为并购 3Leaf 再次受挫,CFIUS 以同样理由进行了阻挠,华为被迫再次放弃收购;另外,2011 年美国政府阻止华为竞标美国第六大无线运营商 Cellular Corp. 4G 的网络建设合同,禁止华为参加美国公共安全 700MHz 项目的竞标;2012 年 10 月 8 日,美国的众议院情报委员会发布了针对华为和中兴两家中国企业"涉及威胁美国国家安全"的调查报告,调查报告主要试图分析华为和中兴与中国政府的紧密联系,调查结论认为这两家企业给美国提供基础设备建设可能会带来损害美国国家安全的风险;2013 年 4 月,华为宣布放弃美国市场。

6.3.1.2 中海油并购优尼科

成立于 1982 年的中国海洋石油总公司(简称中海油)是一家国务院直属的大型国有企业,是中国最大的海上石油和天然气生产商,也是世界最大的独立油气勘探及生产集团之一,公司的主要业务包括勘探、开发和销售海上石油和天然气等。[①] 而其并购对象优尼科(Unocal),成立于 1890 年,是美国第九大石油公司,由于经营不善连年亏损,不得不挂牌出售。中海油并购优尼科面临的最大竞争对手是雪佛龙(Chevron),雪佛龙公司创建于 1879 年,是美国第二大石油公司,业务遍及全世界 180 多个国家和地区。

中海油并购优尼科案的过程如下:2005 年 4 月 4 日,雪佛龙首先宣布收购优尼科,出价 165 亿美元;随后美国联邦贸易委员会批准了雪佛龙的并购请求;6 月 23 日,中海油提出全现金并购优尼科,报价 185 亿美元,优尼科公司表示对出价满意;6 月 24 日,美国外国投资委员会宣布对中海油收购优尼科案进行审查;7 月 20 日,雪佛龙将并购报价提高到 170 亿美元;7 月 30 日,美国参众两院要求美国政府对中国的能源状况进行调查;8 月 3 日,中海油意识到即使优尼科接受自己的报价,也不可能通过美国外国投资委员会的审查,宣布退出对优尼科的竞购。

---

① 来自中国海洋石油总公司网站:https://www.cnooc.com.cn。

6.3.1.3　联想并购 IBM 的 PC 业务

IBM 在 1981 年发布了第一台 PC 并迅速占领了市场,然而十多年之后,仿造 IBM PC 的 IBM PC 兼容机抢占了 IBM 的市场份额。1993 年之后,IBM 主要将重点放在为企业提供软件服务与咨询上,并逐步放弃一些不符合其战略重点的业务。2003 年,IBM 委托美林证券为其 PC 业务寻找合适的买家。联想是中国最大的 PC 生产商之一,1997 年到 2003 年,其销售额蝉联国内市场第一,并购 IBM 的 PC 业务正好符合联想的国际化构想。随后联想聘请了麦肯锡和高盛作为战略顾问和财务顾问,与 IBM 进行了秘密谈判,最终联想在 2004 年 12 月 8 日宣布将以 12.5 亿美元并购 IBM 的 PC 业务。联想并购 IBM 引起了 CFIUS 的注意,并决定对其进行安全审查。经过一番游说之后,联想方消除了美国政府对于“安全问题”的担忧。2005 年 3 月,CFIUS 宣布通过对联想并购 IBM 的审查。2005 年 5 月 1 日,联想正式收购了 IBM 全球 PC 业务。

6.3.2　企业游说影响跨国并购政策的理论论证

在第 3 章中,笔者讨论了企业游说行为对于母国跨国并购政策的影响,主要得出了以下结论:

结论 3.3:当并购的效率较高,且母国政府只考虑来自利益集团的游说资金,并对国内外企业的游说一视同仁时,母国政府总会同意该并购;然而当母国政府对外国企业有所“歧视”时,将会阻止该并购的发生。

结论 3.4:当母国政府同时考虑社会福利和游说资金时,分三种情况:①当母国政府更加重视游说资金时,若母国政府对外国企业游说“歧视"很强,则只会批准并购效率低的并购,若"歧视"很弱,则总会同意并购;②当母国政府对社会福利和游说资金赋予的比重较均衡时,若母国政府对外国企业游说"歧视"很强,则只会批准并购效率最低和效率最高的并购,若"歧视"很弱,则总会同意该并购;③若母国政府对社会福利看重程度很高时,则总是会同意效率高的并购。

以上结论都暗示了如果并购目的国政府对外国企业的游说活动有所"歧视",或者外国企业的游说效率较低,并购失败的概率就会增大。下面笔者就对上一小节中三个并购案例的游说活动进行剖析,检验外国企业游说、母国企业游说以及母国政府的态度对最终并购政策有怎样的影响。

6.3.2.1　华为与思科的游说竞争

美国政府阻止华为在美国的收购和竞标活动,给出的理由都是"威胁国家安全",而华为在美国最大的竞争对手思科则是让美国充分注意到了这一点。2012年10月8日,就在美国情报委员会发布了针对华为和中兴的"涉及威胁美国安全"的调查报告之后,《华盛顿邮报》发表了题为"US rivals lobby against Chinese firm"的文章,认为华为的竞争对手对华盛顿的游说是华为多次并购失败的重要因素。

在2002年华为初到美国市场时,就引起了竞争对手思科的高度关注。思科创立于1984年,可以说是美国最成功的网络解决方案供应商之一,在过去30多年中,思科在其进入的每个领域都是领导者。而华为是全球领先的信息与通信技术解决方案供应商,业务遍及全球170多个国家和地区,服务全世界 1/3 以上的人口。① 目前两家企业的市值相当,都为 1000 亿美元左右。思科早在华为初入美国市场时,就将其视为最大的竞争对手之一,通过对比两家企业的财务数据,可以发现思科对华为的"敌意"并不是毫无根据的。

(1)销售收入和增长率对比

2000 年,思科的年销售收入为 122 亿美元,到 2014 年,思科的销售收入为 471 亿美元,14 年间增长了 2.86 倍;而华为的销售收入从 2002 年的 21 亿美元增长到 2014 年的 465 亿美元,12 年间增长了 21.14 倍(见图 6.4)。虽然截至 2014 年华为的销售收入仍然低于思科,然而从 2007 年到 2014 年华为的销售增长率一直高于思科,思科在 2009 年和 2013 年甚至出现了负增长(见图 6.5)。

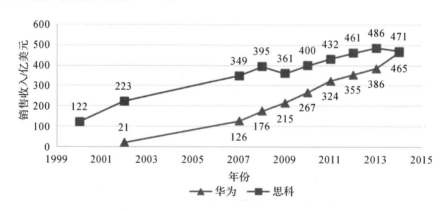

图 6.4　2000—2014 年华为与思科的销售收入

资料来源:2005—2015 年华为与思科年度报告。

---

① 来自华为官网:https://www.huawei.com/cn/。

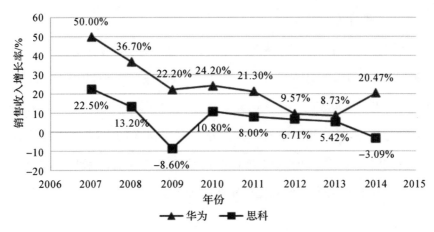

图 6.5　2007—2014 年华为与思科的销售收入增长率

资料来源：2005—2015 年华为与思科年度报告。

(2)利润率对比

从 2007 年到 2014 年，思科的利润率一直高于华为，两家公司的走势基本相同（见图 6.6）。

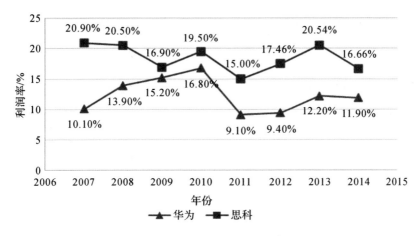

图 6.6　2007—2014 年华为与思科的利润率

资料来源：2008—2015 年华为与思科年度报告。

(3)专利与研发投入

从图6.7中不难发现,从2008年到2014年间,华为对于研发投入的比重在逐年上升,并且在2012年超过了思科,在2006—2016年间,华为的累计研发投入达到了1880亿元。而思科的研发投入比重一直保持较为平稳的趋势,最近几年略有下降。华为对于研发的重视也得到了丰厚的回报,2014年,华为的国际专利申请数达到3442件,跃居全球第一。华为在专利上的优势不得不让思科提高警惕。

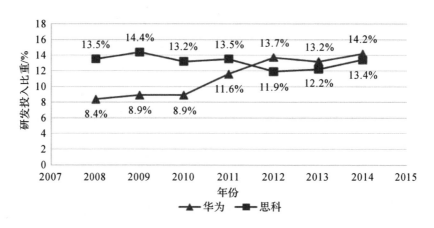

图6.7　2008—2014年华为与思科的研发投入比重

资料来源:2008—2015年华为与思科年度报告。

从上述华为与思科的财务数据对比可以看出,华为的迅速发展让思科在美国市场上也备感压力,思科针对竞争对手的策略一直都很明确——游说美国政府获得政策优势。

(4)游说投入对比

由于美国特殊的政治环境,游说政治盛行,思科对华为的竞争采用了游说国会的方式。实际上这种立竿见影的方式在美国的高科技行业由来已久。2015 年,高科技行业对美国政府的游说投入高达 1.07 亿美元。表 6.6 给出了 2015 年游说美国国会投入排名前二十的高科技公司,思科的游说投入达到了 269 万美元,位列第 14 名。

表 6.6 2015 年游说资金投入前二十名高科技企业

排名	企业	游说投入金额/百万美元
1	Alphabet Inc	16.66
2	Facebook Inc	9.85
3	Amazon. com	9.39
4	Microsoft Corp	8.49
5	Oracle Corp	8.47
6	Qualcomm Inc	7.94
7	Entertainment Software Assn	5.58
8	Intel Corp	4.91
9	IBM Corp	4.63
10	Apple Inc	4.48
11	Consumer Technology Assn	4.00
12	Yahoo Inc	2.84
13	Hewlett-Packard	2.76
14	Cisco Systems	2.69
15	Dell Inc	2.59
16	Siemens AG	2.43
17	EMC Corp	2.36
18	Intuit Inc	2.26
19	National Electrical Manufacturers Assn	2.14
20	Texas Instruments	2.05

资料来源:美国游说信息披露网站 OpenSecrets. org。

2011 年和 2012 年,思科分别投入了 280 万美元和 269 万美元游说国会,17 项议题中就有 5 项是关于"网络安全"的。华为在 2012 年的游说投入也达到了历史最高——120 万美元,然而在思科的对比之下就有些相形见绌(见图 6.8)。另外思科的游说活动历史悠久,从 1998 年开始,思科就开始建立与国会议员和美国政府各部门的关系,它与美国政府之间的联系可以说是千丝万缕。根据 Opensecrects 的披露,500 多名议员之中就有 61 位国会议员持有思科公司的股份。2012 年 4 月,思科的 CEO 钱伯斯在接受媒体采访时也表示:"过去几年,或者说过去 18 个月

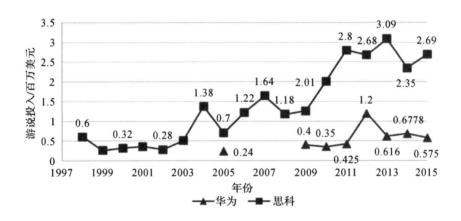

图 6.8　1998—2015 年华为与思科的游说投入

资料来源:美国游说信息披露网站 OpenSecrets.org。

来,我们采取了更有竞争性的措施来反击惠普、华为以及 Juniper 等竞争对手。"[①]思科对美国政府的有力游说,暗示了华为在美国的频频失利并

　　[①]　《从政治献金分析思科在华为中兴事件幕后角色》:https://tech. qq. com/a/20121023/000124. htm。

非单纯的"国家安全"事件,游说政治在其中起了十分关键的作用。

从华为与思科游说投入的对比可以看出:首先,两家企业的游说持续时间相差很大,思科长期的游说投入与美国政府各部门都建立了很成熟的关系链,相对于初来美国市场的华为,美国政府显然更看重思科的游说;其次,游说金额相差巨大,在并购发生的年份,思科游说美国政府的金额是华为的 3 倍。华为的失败也从一个方面验证了前文的结论 3.3 和结论 3.4,美国政府对中国企业游说的"歧视"是华为并购失败的重要原因之一。

6.3.2.2 中海油与雪佛龙的游说竞争

在整个并购过程中,中海油为了达成并购,发动了中国企业有史以来最大的一场游说活动,仅三个月的游说就耗资 300 万美元,这也是迄今为止中国企业耗资最大、范围最广的一次游说活动。在短短三个月时间里,中海油雇用了四家律师事务所、两家公关公司的上百名员工,对白宫、国会和州级立法机构解释中海油此次竞购的商业动机。① 中海油雇用了美国著名的游说公司 Akin Gump,组成了阵容强大的说客团,前美国驻联合国大使丹尼尔斯·比格尔、前任总统出口管理委员会成员艾德鲁兵·诺夫、曾在国务院和白宫任职的托比·加蒂负责游说美国外国投资委员会;前纽约州共和党众议员以及著名说客比尔·帕克森负责游说国会议员;金融街出身的克波·迪克负责游说能源部门,Akin Gump 甚至还在

---

① 详见《"走出去"的中国企业日益重视在美游说》(http://www.caijing.com.cn/2006-08-07/100010354.html)。

优尼科公司所在地雇用了两家地方游说公司,负责州议院的游说。除了对国会和政府部门的游说,游说公司还进行了大规模的公关活动,主要面向媒体和美国公众,营造正面的舆论氛围。① 然而这场声势浩大的游说活动仍然以失败告终。中海油在此次并购中的竞争对手也在积极游说政府,2005 年雪佛龙对美国政府的游说费用也高达 949 万美元(见图 6.9),几乎是 2004 年的 2 倍,是中海油游说投入的 3 倍多。

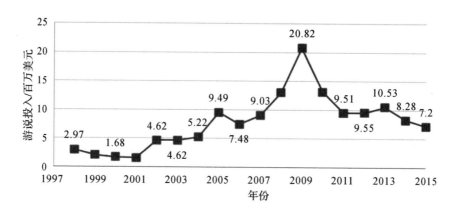

图 6.9 1998—2015 年雪佛龙游说投入

资料来源:美国游说信息披露网站 OpenSecrets. org。

从图 6.9 可以发现,雪佛龙的游说历史久远,从 1998 年就开始投入游说。另外,在中海油和雪佛龙竞购优尼科期间,美国国会议员正面临国会选举,而雪佛龙是长期游说美国国会的企业之一,显然国会议员更加看重来自雪佛龙的游说。

---

① 详见《游说美国》(https://finance. qq. com/a/20060811/000312_1. htm)。

6.3.2.3 联想的游说活动

联想在宣布并购 IBM 的 PC 业务之后，也面临了来自美国外国投资委员会的审查。联想雇用了杰佛里·卡莱尔为其游说美国政府，成为第一家在美国雇用"专职说客"（in-house lobbyist）的中国企业。杰佛里·卡莱尔曾任美国联邦通信委员会（FCC）线路竞争局的副局长和局长，同时他也担任过 FCC 主席迈克·鲍威尔（前国务卿科林·鲍威尔之子）主管的互联网政策工作组的主管，以及 FCC 国土安全政府委员会委员。而在他加入 FCC 之前，曾是美迈斯律师事务所的律师。[①]

另一方面，作为被并购方的 IBM 急于去除 PC 业务的包袱，也在积极促成并购的成功。IBM 历年来与美国国会和各机构保持着良好的关系，2004 和 2005 年的游说额达到 734 万美元和 806 万美元，多年来 IBM 的游说资金一直保持在很高的水平上（见图 6.10）。

联想的成功并购从游说角度来说有两方面的原因：首先，联想在得知将要接受美国外国投资委员会的审查时，第一时间积极主动游说美国政府；其次，联想在此次并购中虽然也涉及国家安全问题，不过没有面临直接的并购对手或者游说竞争对手的阻挠，反而被并购方 IBM 在游说美国政府中起了很大的作用。此时由于美国政府看重国内被并购方的游说，且没有反方利益集团的游说，联想并购成功的概率就大大增加了。这次成功并购也从侧面揭示了政府对企业游说看重程度对于最终并购政策有

---

① 详见《"走出去"的中国企业日益重视在美游说》(https://www.caijing.com.cn/2006-08-07/100010354.html)。

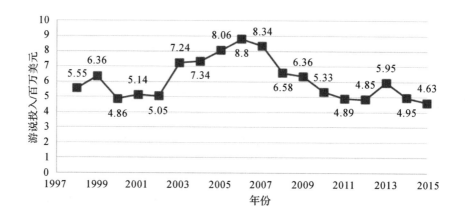

图 6.10　1997—2015 年 IBM 游说投入

资料来源:美国游说信息披露网站 Opensecrets. org。

十分重要的影响。

6.3.3　企业所有制影响跨国并购政策的理论论证

在第 4 章和第 5 章中,笔者分析了企业所有制结构通过游说影响跨国并购政策的传导机制,主要得出了以下结论:

结论 4.4 和结论 4.8:当母国政府不仅考虑本国社会福利也看重时,国有股份高的企业并购成功率较低。

华为并购失利的另外一大因素是企业的国有背景。作为中国民营企业 500 强排名第一的华为目前仍然没有上市,这与其公司结构有很大关系。截至 2016 年,华为拥有 8 万多名员工,全部是公司的股东,作为公司创始人的任正非也只占了 1.4% 的股份。华为复杂分散的股权结构,注定其很难上市。政府背景和低透明度也成了华为竞争对手思科的武器。

华为虽然是私营企业,然而美国政府认为华为接受中国政府的资助,享受中国金融机构的免息贷款,与中国高层也有密切联系。美国情报委员会在对华为进行安全调查时曾经要求华为出具与中国政府高层来往关系的具体细节,在其公布的针对华为和中兴的"涉及威胁美国国家安全"的调查报告中也表示,希望中国企业能够更加开放和透明,比如在西方联交所上市,提供更加一致的、由独立的第三方评估的财务信息以及对网络安全的审查。

　　而中海油的国有背景也是美国政府忌惮的最重要因素之一。2004年,中国的石油供给问题上升到了国家石油安全的高度,在能源紧缺和市场完全开放的双重压力之下,中海油背负着"走出去"的任务。为了长期安全地获得稳定的原油资源,实现石油产业的可持续发展,作为国有企业的中海油开始了跨国并购之路。中海油的国有属性以及石油的战略资源地位,再加上竞争对手雪佛龙的推波助澜,美国政府将中海油并购优尼科上升到了"国家安全"的高度。

　　另外,由于两家企业的国有背景,美国政府对国有企业游说的看重程度也更低,通过游说影响并购决策也更难实现,这也论证了前文理论中提出的国有股份与并购成功率呈负向关系的结论。

6.3.4　案例总结与评论

6.3.4.1　中国企业失败的原因

华为和中海油在美国遭遇竞争对手思科和雪佛龙的阻击,最后只能黯然离场。综观华为和中海油在美国市场上的表现,失败的原因主要有以下几方面。

(1)政府背景和低透明度

美国政府认为华为与中国政府有十分紧密的联系,接受中国政府的扶持和资助,服务于中国政府。政府背景和低透明度也成了华为的竞争对手思科的武器。而中海油的国有性质触动了美国"国家安全"神经。早在 1990 年,美国总统就曾阻止中国航天技术进出口公司企图并购美国生产民用飞机零件的梅姆斯公司,这也是迄今为止总统唯一一次使用阻止跨国并购的决策权。美国政府认为作为国有企业的中海油接受了中国政府的巨额补贴,获得了大量来自政府的无息贷款,此次并购并不属于正常的商业并购。

(2)美国对中国企业的"特殊对待"

实际上在石油领域,国有控股并非中国特有,目前全世界大概有一半的油气储量控制在国有企业手中,在中海油并购案之前,美国从未对来自法国、挪威、巴西、俄罗斯等国家企业的并购提出过异议。对于中国崛起的担忧和敌对态度,让美国对中国企业的并购予以区别对待。

(3)中国企业难以适应游说规则

美国的游说系统盘根错节,而华为 2005 年才真正开始进入这场游戏,想要在短短几年内战胜拥有悠久游说历史的思科几乎是不可能的。而且,华为对于美国政府的游说投入最高的一年也仅为思科投入的 29%,而仅仅依靠几年的游说难以使美国国会议员对中国企业产生改观。华为在进入美国市场之前显然对美国政治特别是游说政治认识不足,并未将游说作为重要战略,也缺乏对商业竞争对手游说活动的警惕。

（4）并购时机选择不当

金融危机之后，发达国家的贸易保护主义抬头，美国对中国高科技企业跨国并购的态度也是其国家战略的体现。而华为并购案发生的时候恰逢中美经贸关系高度紧张，美方不断施压要求人民币升值。另外，美国国内政治舆论环境十分不利于中国，几乎 80% 的国会议员对中国企业持负面态度，"中国威胁论"的盛行，让阻击中国企业成为美国政客最保险的惯用手段。而中海油对美国政府的游说活动开始于宣布收购案之后，"危机驱动"色彩过于明显。而且，中海油在 2005 年之前从未有过任何游说投入，根据美国的民意调查，大部分民众甚至没有听说过中海油，由于当时油价飞涨，大部分民众对于中国企业的并购持反感态度。中海油的 CEO事后也表示："我们在公共关系和游说上应该更谨慎，我们现在对美国政治的了解加深了，如果再有此类事情，也许重要的不是去争取这个交易，而首先是诉诸公共关系和政治游说，如果这能行得通，再着手交易。"

6.3.4.2　中国企业成功的原因

以联想为例，成功并购主要有以下几个原因。

（1）被并购方的影响

IBM 在美国国会和政府部门的影响力是推动 CFIUS 审查通过的重要原因，联想和 IBM 在游说上共同的努力促成了并购的发生。

（2）没有来自竞争对手的政治压力

联想并购 IBM 的过程中并没有竞争对手在国会游说和对媒体的公关，这让并购案件少了很多政治压力。

（3）并购涉及行业敏感度低

IBM 的 PC 业务并没有涉及政府机密的技术，或者用于国家保密工作的设备技术。然而，当 2006 年 3 月联想获得美国国务院订单时，"国家安全"再次被提上议程，美国国务院最终宣布从联想订购的 1.6 万台电脑只能用于非保密性工作。

6.4 小 结

近年来，"威胁国家安全"已经成为美国政府阻止中国企业跨国并购最常用的理由，然而，并购失败的背后也不乏竞争对手的推波助澜。美国的安全审查制度涉及 13 个机构部门，利益关系错综复杂，而游说政治的存在，让美国最终的跨国并购决策并非单纯的"国家安全"问题，而是多方利益集团博弈的最终结果。另外，由于近年来中美贸易关系紧张，"中国威胁论"的兴起，美国虽然标榜对待外资政策开放，实际上却不可避免地将贸易政治化。

7

结论与政策启示

7.1　结　论

本书以游说竞争为切入点,通过完全信息动态博弈分析,围绕影响并购政策的因素展开,揭示了企业所有制、贸易自由度、并购行业特征等因素通过游说影响跨国并购成功率的内在机理,通过构造混合寡头垄断游说竞争模型,研究了外国企业(比如中国企业)对母国政府(比如美国政府)的游说如何影响母国企业的跨国并购政策,以及不同特征的混合所有制结构企业通过游说影响跨国并购政策的传导机制。通过理论模型和案例分析,笔者认为中国跨国并购成功率远低于世界平均水平的主要原因是来自母国政府对外国企业"所有制"以及"游说"等方面的歧视,本书主要得出了以下结论:

1. 母国政府的政治倾向对外国企业并购的成功率影响很大

当母国政府是一个只考虑社会福利的无私政府,政府将会考虑外国企业的国有股份比重和跨国并购的效率,只有当外国企业的国有股份比重较低且跨国并购效率较高时,政府才会批准并购;当母国政府是一个只考虑来自利益集团的游说资金的政治驱动型政府时,母国政府总是倾向于同意该并购;当母国政府同时考虑本国社会福利和游说资金时,相对于无私政府的情形,同意并购的范围扩大了,而且当母国政府足够看重游说资金时,并购总是可以得到批准。

2. 母国政府对待外国企业游说的态度,以及外国企业的游说
   效率,对外国企业的并购成功率也起到十分关键的作用

若母国政府对国内外企业的游说一视同仁,并且外国企业的游说能力很强时,母国政府总是会同意该并购;然而当母国政府对外国企业的游说有所"歧视",并且外国企业游说效率很低时,母国政府将会阻止并购的发生。例如中国企业在美国的并购(华为并购三叶、中海油并购优尼科等),由于美国国会对中国企业的"歧视"和"偏见",媒体舆论上"中国威胁论"的盛行,再加上中国企业不能适应美国的游说政治,游说效率非常低,通过游说获得成功的可能性就非常低。

3. 企业所有制结构是母国政府决定是否批准的重要因素

模型结果显示,只有当外国企业的国有股份比重较低时,母国政府才有可能批准跨国并购。以中国在美国的并购为例,由于美国政府认为具有国有背景的中国企业与中国政府联系密切,享受中国政府的大量补贴,另外担忧涉及国家机密的信息通过中国企业泄露给中国政府,因此美国对待有国有背景的中国企业都十分谨慎,需要经过美国外国投资委员会的严格审查,例如华为和中海油在美国的并购都由于其国有背景被拒之门外。

4. 竞争对手的游说对于企业跨国并购成功率的影响很大

当母国政府对外国企业的游说资金看重程度很低,且外国企业的游说能力也很弱时,来自竞争对手的游说是跨国并购失败的重要原因,例如华为并购三叶的失败以及中海油并购优尼科的失败都离不开其竞争对手

思科和雪佛龙的游说活动。

　　另外模型也考察了贸易自由度和跨国并购所处行业对跨国并购成功率的影响。结果显示,当外国的贸易条件更加自由时,结果与两个国家都实施自由贸易的情形是类似的;而当母国的贸易条件更加自由,母国政府总是会同意该并购。关于行业内竞争程度与母国政府并购政策之间的关系,笔者发现当母国政府是无私政府,且行业竞争程度很高,则母国政府倾向于同意并购。然而如果母国政府是政治驱动型政府,只考虑游说资金,则结果正好相反,母国政府将会同意行业竞争程度较低的并购。另外,母国政府更加偏好发生在边际成本高的行业的并购,总是会拒绝边际成本很低的行业的并购。

7.2　政策启示

　　通过前文的研究,本书对进行跨国并购的企业和政府有以下建议。

7.2.1　对于中国企业的建议

（1）提高开放度和透明度

　　本书的模型结果显示,只有当外国企业国有股份比重较低时,母国政府才有可能批准并购。前文案例中两个有政府背景的企业华为和中海油在并购中遇到的阻碍要远远大于联想,美国政府认为华为与中国政府有十分紧密的联系,接受中国政府的扶持和资助,服务于中国政府;认为作为国有企业的中海油接受了中国政府的巨额补贴,获得大量来自政府的无息贷款,此次并购并不属于正常的商业并购。另外美国情报委员会公布的针对华为和中兴的"涉及威胁美国国家安全"的调查报告中表示希望中国企业能够更加开放和透明。政府背景和低透明度也成为中国企业竞争对手的武器。因此推动国有企业转制,提高公司的透明度和开放度是中国企业跨国并购的必经之路。

(2)调整跨国并购战略,实现跨国并购目的国和地区的多样化

对于中国崛起的担忧和敌对态度,让美国对中国企业的并购"区别对待"。例如,在石油领域,国有控股并非中国特有,目前全世界大概有一半的油气储量控制在国有企业的手中,在中海油并购案之前,美国从未对来自法国、挪威、巴西、俄罗斯等国家企业的并购提出过异议。因此中国企业应该避免投资目的国和地区的单一性,例如华为在宣布放弃美国市场的同时,也在积极发展其他国家和地区的市场,根据华为年报,2014年华为在欧洲、中东和非洲的投资占比达到了总投资的35%,在中国、亚太地区和美洲的比重则为37.8%、14.7%和10.7%。华为的海外扩张之路是一条"农村包围城市"的道路,这给许多中国企业的对外投资战略带来了有益的经验。近年来,"一带一路"倡议的提出和发展给中国企业带来了很大机遇,中国企业可以通过调整对外投资战略,在海外扩张道路上走得更远更顺利。

(3)找准并购时机,避免敏感行业,及时调整并购战略

华为并购案涉及的是美国"网络安全",而中海油并购案涉及的则是石油战略和"国家安全",这两者并购的行业都是当时美国最敏感的行业

之一,再加上强大竞争对手的游说,并购失败可以想见。因此中国企业跨国并购应该及时调整战略,了解和熟悉并购目的国和地区的政治环境,避免盲目并购,例如中海油在加拿大并购尼克森便获得成功,这与加拿大的政治环境密不可分。

(4)合理选择游说时机

中海油对美国政府的游说活动开始于宣布收购案之后,"危机驱动"色彩过于明显。而且,中海油在 2005 年之前从未有过任何游说投入,根据美国的民意调查,大部分民众甚至没有听说过中海油,由于当时油价飞涨,大部分民众对于中国企业的并购持反感态度。从中海油并购案可以发现,游说时机的选择对于企业并购是否成功也有很大影响,游说活动是一个潜移默化的过程,中国企业应该提前了解并购目的国的政治环境,做好充足的准备,制定游说战略,保持游说活动的持续性。

(5)适应游说规则,建立良好企业形象

企业应当建立完善的情报信息系统,增加对美国国会行动的预警能力。如果华为和中海油能够提前了解到美国国会议员对"网络安全"和"国家安全"等问题的敏感度,以及竞争对手对国会议员的影响,华为和中海油就能提前部署战略,有针对地进行游说。另外,中国企业应该加深对美国国会议员的了解,分析其对待并购政策的态度。只有全面了解信息,加强信息管理,才能获得更高的成功概率。在对美国的游说过程中,加强与重点议员(对中国企业持负面态度的议员)进行沟通协商,寻找合适的游说公司进行游说。媒体也是影响国会议员的重要一环,企业应该通过在主流媒体上发表文章,释放善意信息,建立企业良好的形象,影响社会公共舆论的走向。另外,企业也可以通过在美国当地设置生产基地,解决美国就业等方式,融入美国内部,通过地方选民对美国议员施压,以及建立企业的正面形象,让美国公众更加了解中国企业。例如日本丰田在最初打入美国市场的时候就采用了这种"层层渗透"的方式,通过在美国各地开设工厂,解决当地就业,与各州议员保持良好关系。

7.2.2　对中国政府的建议

(1)大力推进中美双边投资协定

中国政府应当推动双边投资制度的创建和完善,为中国企业"走出去"提供制度保障。加强与美国政府之间关于跨国并购的交流,降低中国企业在美国并购的交易成本。

(2)为中国企业提供专业的海外投资指导。目前中国企业只能寻求第三方咨询公司,获取海外信息的质量难以保证,获取信息的费用也很高。随着中国企业跨国并购数量的日益增长,中国政府应当向日本学习,为企业提供及时的海外并购咨询,指导企业进行跨国并购,推动中国企业全球化发展。

(3)对游说美国国会进行整体规划和布局

进行"社会游说",在任何情况下创造机会加强两国之间的社会联络以及与国会议员之间的私人交往,而不是在遇到问题时再"临时抱佛脚"。比如中海油虽然耗巨资游说美国政府,然而这场游说是在问题产生之后的补救,难以起到很好的效果。中国政府应当加强与国会议会各个层次的交流和对话,安排外交部门或者地方政府部门访美,加强民间组织的交

流和协作，让美国议员和民众加深对中国的认知和了解，获得民众的
善意。

7.3 研究不足与展望

本书的模型设置了很多严格的假设，因此必须在这些严格的假设中
考虑以上结论。这些假设包括：①线性的需求和成本函数；②外国只有一
家并购发起者，没有并购竞争者。

未来研究方向可以考虑放宽对以上模型的假设，以及研究本书未提
及的垂直并购，构建 Hotelling 模型研究垂直并购中企业并购成功率的影
响因素。另外，由于中国企业近年来才开始真正活跃在跨国并购市场上，
对外国政府的游说活动也是从最近几年才开始的，因此中国企业的游说
数据很少，难以从实证上研究游说对中国企业跨国并购成功率的影响，未
来的研究可以关注游说数据的替代数据，或者利用仿真或者反事实模拟
等方法进行实证研究。

参考文献

[1] Alba J D, Park D, Wang P, 2009. Corporate governance and merger and acquisition (M&A) FDI: firm-level evidence from Japanese FDI into the US[J]. Journal of Multinational Financial Management, 19(1): 1-11.

[2] Andrade G, Mitchell M, Stafford E, 2001. New evidence and perspectives on mergers[J]. Journal of Economic Perspectives, 15(2): 103-120.

[3] Ansoff H I, 1965. Corporate strategy: an analytic approach to business policy for growth and expansion[M]. New York: McGraw-Hill.

[4] Antkiewicz A, Whalley J, 2007. Recent Chinese buyout activity and the implications for wider global investment rules[J]. Canadian Public Policy/Analyse de Politiques, 33(2): 207-226.

[5] Armstrong M, Vickers J, 2010. A model of delegated project choice[J]. Econometrica, 78(1): 213-244.

[6] Athreye S, Kapur S, 2009. Introduction: the internationalization of Chinese and Indian firms: trends, motivations and strategy[J]. Industrial and Corporate Change, 18(2): 209-221.

[7] Austin-Smith D, 1987. Interest groups, campaign contributions and probabilistic voting[J]. Public Choice, 54(2): 123-139.

[8] Austen-Smith D, 1989. Rational consumers and irrational voters: a review essay on black hole tariffs and endogenous policy

theory, by stephen magee, william brock and leslie young[J].
Cambridge University Press, 3(1): 73-92.

[9] Auster E, Sirower M, 2002. The dynamics of merger and ac-
quisition waves: a three-stage conceptual framework with impli-
cations for practice[J]. Journal of Applied Behavioral Science,
38(2): 216-244.

[10] Aybar B, Ficici A, 2009. Cross-border acquisitions and firm
value: an analysis of emerging-market multinationals [J].
Journal of International Business Studies, 40(8): 1317-1338.

[11] Bai C, Li D, Tao Z, Wang Y, 2000. A multi-task theory of
the state enterprise reform[J]. Journal of Comparative Eco-
nomics, 28(4): 716-738.

[12] Bárcena-Ruiz J C, Garzón M B, 2003. Mixed duopoly, merger
and multiproduct firms[J]. Journal of Economics, 80(1):
27-42.

[13] Baron D P, 1994. Electoral competition with informed and un-
informed voters[J]. American Political Science Review, 88
(1): 33-48.

[14] Barros P P, 1998. Endogenous mergers and size asymmetry of
merger participants[J]. Economic Letters, 60(1): 113-119.

[15] Barros P P, Cabral L, 1994. Merger policies in open econo-
mies[J]. European Economic Review, 38(5): 1041-1055.

[16] Bernheim B D, Whinston M D, 1986. Menu auctions, resource allocation, and economic influence[J]. The Quarterly Journal of Economics, 101(1): 1-32.

[17] Bernile G, Lyandres E, Zhdanov A, 2011. A theory of strategic mergers[J]. Review of Finance, 16(2): 517-575.

[18] Besanko D, Spulber D F, 1993. Contested mergers and equilibrium antitrust policy[J]. Journal of Law, Economics and Organization, 9(9): 1-29.

[19] Birkinshaw J, Bresman H, Hakanson L, 2000. Managing the post-acquisition integration process: how the human integration and task integration processes interact to forster value creation[J]. Journal of Management Studies, 37(3): 395-426.

[20] Bittlingmayer G, Hazlett T W, 2000. Does capital have antitrust against microsoft created value in the computer industry [J]. Journal of Financial Economics, 55(3): 329-359.

[21] Boyreau-Debray G, Wei S, 2005. Pitfalls of a state-dominated financial system: the case of China[R]. NBER Working Paper No. 11214.

[22] Brainard S L, 1993. A simple theory of multinational corporations and trade with a trade-off between proximity and concentration[R]. NBER Working Paper No. 4269.

[23] Branstetter L G, Feenstra R C, 2002. Trade and foreign direct

investment in China: a political economy approach[J]. Journal
of International Economics, 58(1): 335-358.

[24] Buckley P J, Clegg L J, Cross A R, Liu X, Voss H, Zheng P,
2009. Erratum: The determinants of Chinese outward foreign
direct investment[J]. Journal of International Bussiness Stud-
ies, 40: 353-354.

[25] Cebenoyan S, Papaioannou G, Travlos N, 1992. Foreign take-
over activity in the U. S. and wealth effects for target firm
shareholders[J]. Financial Management, 21(3): 58-68.

[26] Child J, Rodrigues S B, 2005. The internationalization of Chi-
nese firms: a case for theoretical extension[J]. Management
& Organization Review, 1(3):381-410.

[27] Coase R H, 1937. The nature of the firm[J]. Economica, 4
(16): 386-405.

[28] Coeurdacier N, Santis R A D, Aviat A, 2009. Cross-border
mergers and acquisitions: financial and institutional forces
[R]. European Central Bank, Working Paper No. 1018.

[29] Cooper A C, Woo C Y, Dunkelberg W C, 1988. Entrepre-
neurs perceived chances for success[J]. Journal of Business
Venturing, 3(2): 97-108.

[30] Deng P, 2009. Why do Chinese firms tend to acquire strategic
assets in international expansion[J]. Journal of World Busi-

ness，44(1)：74-84.

[31] Dewenter K，1995. Do exchange rate changes drive foreign direct investment[J]. Journal of Business，68(3)：405-433.

[32] Dikova D，Sahib P R，Van Witteloostuijn A，2010. Cross-border acquisition abandonment and completion：the effect of institutional differences and organizational learning in the international business service industry，1981-2001[J]. Journal of International Business Studies，41(2)：223-245.

[33] Dixit A，Grossman G，Helpman E，1997. Common agency and coordination：general theory and application to government policy making[J]. Journal of Political Economy，105 (4)：752-769.

[34] Dollar D，Wei S，2007. Das (Wasted) kapital：firm ownership and investment efficiency in China[R]. NBER Working Paper No. 13103.

[35] Downs A，1957. An economic theory of political action in a democracy[J]. The Journal of Political Economy，65 (2)：135-150.

[36] Dunning J H，Kim C，Lin J，2001. Incorporating trade into the investment development path：a case study of Korea and Taiwan[J]. Oxford Development Studies，29(2)：145-154.

[37] Dutt P，Mitra D，2002. Political ideology and endogenous

trade policy: an empirical investigation[R]. NBER Working Papers No. 9239.

[38] Farrell J, Katz M L, 2006. The economics of welfare standards in antitrust[R]. Competition Policy Center, Working Paper Series No. 191874.

[39] Farrell J, Shapiro C, 1990. Horizontal mergers: an equilibrium analysis[J]. The American Economic Review, 80(1): 107-126.

[40] Fauli-Oller R, 2000. Takeover waves[J]. Journal of Economics & Management Strategy, 9(2): 189-210.

[41] Feenstra R C, Bhagwati J N, 1982. Tariff seeking and efficient tariff[M]. Chicago: The University of Chicago Press.

[42] Fjell K, Pal D, 1996. A mixed oligopoly in the presence of foreign private firms[J]. Canadian Journal of Economics, 29(3): 737-743.

[43] Findlay R, Wellisz S, 1982. Endogenous tariffs, the political economy of trade restrictions, and welfare[R]. NBER Import Competition and Response: 232-244.

[44] Fowler K L, Schmidt D R, 1989. Determinants of tender offer post-acquisition financial performance[J]. Strategic Management Journal, 10(4): 339-350.

[45] Franklin A, Qian J, Qian M, 2005. Law, finance, and eco-

nomic growth in China[J]. Journal of Financial Economics, 77 (1): 57-116.

[46] Gawande K, Bandyopadhyay U, 2000. Is protection for sale? evidence on the Grossman-Helpman theory of endogenous protection[J]. The Review of Economics and Statistics, 82(1): 139-152.

[47] Gort M, 1969. An economic disturbance theory of mergers [J]. The Quarterly Journal of Economics, 83(4): 624-642.

[48] Gowrisankaran G, 1999. Efficient representation of state spaces for some dynamic models[J]. Journal of Economic Dynamics and Control, 23(8): 1077-1098.

[49] Gowrisankaran G, Holmes T J, 2004. Mergers and the evolution of industry concentration: results from the dominant-firm model[J]. RAND Journal of Economics, 35(3): 561-582.

[50] Grossman G, Helpman E, 1994. Protection for sale [J]. American Economic Review, 84(4): 833-850

[51] Grossman G M, Helpman E, 1996. Electoral competition and special interest politics[J]. Review of Economic Studies, 63 (2): 265-286.

[52] Grossman G M, Helpman E, 2004. A protectionist bias in majoritarian politics[R]. NBER Working Papers No. 11014.

[53] Grossman S J, Hart O D, 1986. The costs and benefits of

ownership: a theory of vertical and lateral integration[J]. Journal of Political Economy, 94(4): 691-719.

[54] Habeck M M, Kroger F, Michael R T, 2000. After merger: seven rules for successful post-merger integration[M]. London: Preentence Hall.

[55] Haller S A, 2009. The impact of multinational entry on domestic market structure and investment[J]. International Review of Economics and Finance, 18(1): 52-62.

[56] Harford J, 2005. What Drives Merger Waves [J]. Journal of Financial Economics, 77(3): 529-560.

[57] Hayward M L A, 2002. When do firms learn from their acquisition experience? evidence from 1990—1995 [J]. Strategic Management Journal, 23(1): 21-39.

[58] Head K, Ries J, 1997. International mergers and welfare under decentralized competition policy[J]. Canadian Journal of Economics, 30(4): 1104-1123.

[59] Healy M P, Palepu K G, Ruback R S, 1992. Does corporate performance improve after mergers[J]. Journal of Financial Economics, 31(2):135-175.

[60] Heaton J B, 2002. Managerial optimism and corporate finance [J]. Financial Management, 31(2): 33-45.

[61] Hijzen A, Görg H, Manchin M, 2008. Cross-border mergers

&. acquisitions and the role of trade costs[J]. European Economic Review, 52(5): 849-866.

[62] Hillman A L, 1982. Declining industries and political-support protectionist motives[J]. American Economic Review, 72(5): 1180-1187.

[63] Hillman A L, 1989. The political economy of protection[M]. London: Harwood Academic.

[64] Hillman A L, Moser P, Van Long N, 1995. Modelling reciprocal trade liberalization: the political-economy and national-welfare perspectives[J]. Swiss Journal of Economics and Statistics, 131: 503-515.

[65] Holmstrom B, Kaplan S N, 2001. Corporate governance and merger activity in the United States: making sense of the 1980s and 1990s[J]. Journal of Economic Perspectives, 15 (2): 121-144.

[66] Hotchkiss E S, Qian J, Song W, 2005. Holdups, renegotiation, and deal protection in mergers[J]. SSRN Electronic Journal.

[67] Hotelling H, 1929. Stability in competition[J]. Economic Journal, 39(153): 41-57.

[68] Hubbard R G, Palia D, 1999. A reexamination of the conglomerate merger wave in the 1960s: an internal capital mar-

kets view[J]. The Journal of Finance, 54(3): 1131-1152.

[69] Inkpen A C, 2000. Learning through joint ventures: a framework of knowledge acquisition [J]. Journal of Management Studies, 37(7): 1019-1044.

[70] Jarrel G A, Poulsen A B, 1987. Shark repellents and stock prices: the effects of antitakeover amendments since 1980[J]. Journal of Financial Economics, 19(1): 127-168.

[71] Jarrel G A, Brickley J A, Netter J M, 1988. The market for corporate control: the empirical evidence since 1980[J]. Journal of Economic Perspectives, 2(1): 49-68.

[72] Jensen M C, Ruback R S, 1983. The market for corporate control: the scientific evidence[J]. Journal of Financial Economics, 11(1-4): 5-50.

[73] Jensen M C, Meckling W, 1976. Theory of the firm: managerial behavior, agency costs and ownership structure[J]. Journal of Financial Economics, 3(4): 305-360.

[74] Jovanovic B, Braguinsky S, 2004. Bidder discounts and target premia in takeovers[J]. American Economic Review, 94(1): 46-56.

[75] Kamien M I, Zang I, 1990. The limits of monopolization through acquisition[J]. Quarterly Journal of Economics, 105 (2): 465-499.

[76] Kee H L, Olarreaga M, Silva P, 2007. Market access for sale [J]. Journal of Development Economics, 82(1): 79-94.

[77] Kostova T, Roth K, 2002. Adoption of an organizational practice by subsidiaries of multinational corporations: institutional and relational effects[J]. The Academy of Management Journal, 45(1): 215-233.

[78] Kostova T, Zaheer S, 1999. Organizational legitimacy under conditions of complexity: the case of the multinational enterprise [J]. The Academy of Management Review, 24 (1): 64-81.

[79] Kim W S, 2003. Wealth effects of international investments and agency problems for Korean multinational firms[J]. Journal of International Financial Management & Accounting, 14 (3): 194-217.

[80] Kim Y H, 2009. Cross-border M&A vs. greenfield FDI: economic integration and its welfare impact[J]. Journal of Policy Modeling, 31(1): 87-101.

[81] Kitching J, 1967. Why do mergers miscarry[J]. Harvard Business Review, 45(6):84-101.

[82] Landier A, Thesmar D, 2009. Financial contracting with optimistic entrepreneurs: theory and evidence[J]. Review of Financial Studies, 22(1): 117-150.

[83] Lang L H P, Stulz R M, Walkling R A, 1991. A test of the free cash flow hypothesis * 1: The case of bidder returns[J]. Journal of Financial Economics, 29(2):315-335.

[84] Lecraw D J, 1993. World investment report 1992: transnational corporations as engines of growth[J]. Journal of International Business Studies, 24(3): 604-608.

[85] Lewellen W, Loderer C, Rosenfeld A, 1985. Merger decisions and executive stock ownership in acquiring firms[J]. Journal of Accounting & Economics, 7(1-3): 0-231.

[86] Lewellen W G, Huntsman B, 1970. Managerial pay and corporate performance managerial pay and corporate performance [J]. The American Economic Review, 60(4): 710-720.

[87] Lin Y, Hu S, Chen M, 2005. Managerial optimism and corporate investment: some empirical evidence from Taiwan, pacific-basin[J]. Finance Journal, 13(5): 523-546.

[88] Li S, Xia J, 2008. The roles and performance of state firms and non-state firms in China's economic transition[J]. World Development, 36(1): 39-54.

[89] Liu X H, Zou H, 2008. The impact of greenfield FDI and mergers and acquisitions on innovation in Chinese high-tech industries[J]. Journal of World Business, 43(3): 352-364.

[90] Long N V, Vousden N, 1995. The effects of trade liberaliza-

tion on cost-reducing horizontal mergers[J]. Review of International Economics, 3(2): 141-155.

[91] Lowinski F, Schiereck D, Thomas T, 2004. The effect of cross-border acquisition on shareholder wealth-evidence from switzerland[J]. Review of Quantitative Finance and Accounting, 22(4): 315-330.

[92] Luo Y, 2005. Do insiders learn from outsiders? evidence from mergers and acquisitions[J]. Journal of Finance, 60(4): 1951-1982.

[93] Lyons B R, 2003. Could politicians be more right than economists? a theory of merger standards[R]. European University Institute Working Paper No. 2003/14.

[94] Magee S P, Brock A B, Young L, 1989. Black hole tariffs and endogenous policy theory[M]. Cambridge: Cambridge University Press.

[95] Maggi G, Goldberg P K, 1999. Protection for sale: an empirical investigation[J]. American Economic Review, 89 (5): 1135-1155.

[96] Malekzadeh A R, Nahavandi A, 1990. Making mergers work by managing cultures[J]. Journal of Business Strategy, 11 (3):55-57.

[97] Malmendier U, Tate G, 2003. Who makes acquisitions? CEO

overconfidence and the market's reaction[J]. Social Science E-lectronic Publishing, 89(1): 20-43.

[98] Malmendier U, Tate G, 2005. CEO overconfidence and corporate investment [J]. The Journal of Finance, 60 (6): 2661-2700.

[99] Marjit S, kabiraj T, Mukherjee A, 2000. Bilateral agreements in a multiFirm industry: technology transfer and horizontal merger[J]. Pacific Economic Review, 5(1): 77-87.

[100] Markusen J R, Venables A J, 1998. Multinational firms and the new trade theory[J]. Journal of International Economics, 46(2): 183-203.

[101] Maria R B, Ricardo G, 2013. Abnormal returns before acquisition announcements: evidence from Europe[J]. Applied Economics, 45(26): 3723-3732.

[102] Martynova M, Renneboog L, 2005. Takeover waves: triggers, performance and motives[R]. Discussing Paper, Tilburg University, Center for Economic Research.

[103] Matsumura T, 1998. Partial Privatization in Mixed Duopoly [J]. Journal of Public Economics, 70(3): 473-483.

[104] Mattoo A, Olarreaga M, Saggi K, 2004. Mode of foreign entry, technology transfer, and FDI policy[J]. Journal of Development Economics, 75(1): 95-111.

[105] Mayer W, 1984. Endogenous tariff formation[J]. The American Economic Review, 74(5): 970-985.

[106] Mayer W, Li J, 1994. Interest groups, electoral competition, and probabilistic voting for trade policies[J]. Economics and Politics, 6(6): 59-77.

[107] Merrill W, Schneider N, 1966. Government firms in oligopoly industries: a short-run analysis[J]. Quarterly Journal of Economics, 80(3): 400-412.

[108] Merrow E D, Phillips K E, Myers C W, 1981. Understanding cost growth and performance shortfalls in pioneer process plants[M]. Santa Monica: Rand.

[109] McAfee R P, Williams M A, 1992. Horizontal mergers and antitrust policy[J]. The Journal of Industrial Economics, 40 (2): 181-187.

[110] Min H L, Nagano M, 2008. Market competition before and after bank merger wave: a comparative study of Korea and Japan[J]. Pacific Economic Review, 13(5): 604-619.

[111] Mitchell N, 1995. The global polity: foreign firms' political activity in the United States[J]. Polity, 27(3): 447-63.

[112] Mitchell M L, Mulherin J H, 1996. The impact of industry shocks on takeover and restructuring activity[J]. Journal of Financial Economics, 41(2): 193-229.

[113] Motta M, Ruta M, 2012. A political economy model of merger policy in international markets[J]. Economica, 79(313): 115-136.

[114] Morck R, Yeung B, 1992. Internalization an event study test [J]. Journal of International Economics, 33(1-2): 41-56.

[115] Morck R, Yeung B, Zhao M, 2008. Perspectives on China's outward foreign direct investment[J]. Journal of International Business Studies, 39(3): 337-350.

[116] Mueller D C, 1969. A theory of conglomerate mergers[J]. The Quarterly Journal of Economics, 83(4): 643-659.

[117] Neary J P, 2009. Trade costs and foreign direct investment [J]. International review of economics & finance, 18(2): 495-506.

[118] Nellis J, 1994. Is privatization necessary? [R]. World Bank Viewpoint, Note 17.

[119] Neven D J, Röller L H, 2005. Consumer surplus vs. welfare standard in a political economy model of merger control[J]. International Journal of Industrial Organization, 23(9-10): 829-848.

[120] Nocke V, 2000. Monopolisation and industry structure[R]. Economics Series Working Papers 2000-W27.

[121] Nocke V, Whinston M, 2010. Dynamic merger review[J].

Cepr Discussion Papers, 118(6): 1200-1251.

[122] Nocke V, Yeaple S, 2007. Cross-border mergers and acquisitions vs. greenfield foreign direct investment: the role of firm heterogeneity[J]. Journal of International Economics, 72(2):336-365

[123] Ottaviani M, Wickelgren A, 2009. Approval regulation and learning, with application to timing of merger control[R]. Northwestern University working paper.

[124] Pablo E, 2009. Determinants of cross-border M&As in Latin America[J]. Journal of Business Research, 62(2): 861-867.

[125] Peltzman S, 1976. Toward a more general theory of regulation[J]. Journal of Law & Economics, 19(2): 211-240.

[126] Peng M W, Wang D Y L, Jiang Y, 2008. An institution based view of international business strategy: a focus on emerging economics[J]. Journal of International Business Studies, 39(5): 920-936.

[127] Peng M W, Wang D Y L, Jiang Y, 2009. The institution based view as a third leg for a strategy tripod[J]. Academy of Management Perspectives, 23(3): 63-81.

[128] Pettway R, Sicherman N, Spiess D, 1993. Japanese foreign direct investment: wealth Effects from purchases and sales of U. S. assets[J]. Financial Management, 22(4): 82-95.

[129] Qiu L D, Zhou W, 2007. Merger waves: a model of endogenous mergers[J]. RAND Journal of Economics, 38 (1): 214-226.

[130] Qiu L D, 2008. Endogenous lobbying positions[J]. Review of International Economics, 16(4): 641-53.

[131] Qiu L D, 2010. Cross-border mergers and strategic alliances [J]. European Economic Review, 54(6): 818-831.

[132] Ravenscraft D J, Scherer F M, 1988. Mergers, sell-offs and economic efficiency[J]. Review of Industrial Organization, 3 (3):127-136.

[133] Reich R B, 2007. Supercapitalism: the transformation of business, democracy, and everyday life[M]. New York: Alfred A. Knopf.

[134] Renckens A, 2006. Policy preferences and the choice of a welfare standard[R]. University of Antwerp Working Paper.

[135] Rhodes-Kropf M, Viswanathan S, 2005. Market valuation and merger waves[J]. The Journal of Finance, 59(6): 2685-2718.

[136] Roemer J E, 1994. A theory of policy differentiation in single-issue electoral politics[J]. Social Choice and Welfare, 11 (4): 355-380.

[137] Roemer J E, 2003. Political equilibrium with 0rivate or/ and

public campaign finance: a comparison of institutions[R].
Cowles Foundation Discussion Papers.

[138] Rodrik D, 1995. Why is There Multilateral Lending? [R].
NBER Working Paper No. w5160.

[139] Roll R, 1986. The hubris hypothesis of corporate takeovers
[J]. Journal of Business, 59(2): 197-216.

[140] Sampson R C, 2005. Experience effects and collaborative re-
turns in R&D alliances[J]. Strategic Management Journal,
26(11): 1009-1031.

[141] Schattschneider E E, 1935. Politics, pressures, and the tariff
[M]. New York: Princeton Hall.

[142] Shleifer A, Vishny R W, 1989. Management entrenchment:
the case of manager-specific investments[J]. Journal of Fi-
nancial Economics, 25(1): 123-139.

[143] Shleifer A, Robert V, 1994. Politicians and firms[J]. Quar-
terly Journal of Economics, 109(4): 995-1025.

[144] Shleifer A, Vishny R W, 2003. Stock market driven acquisi-
tions[J]. Journal of Financial Economics, 70(3): 295-311.

[145] Shrallow D A, 1985. Managing the integration of acquired
operations[J]. Journal of Business Strategy, 6(1):30-36.

[146] Silva P, 2011. The role of importers and exporters in the de-
termination of the U. S. Tariff preferences granted to Latin

America[J]. Journal of Development Economics，94（2）：207-219.

[147] Sleuwaegen L，Belderbos R，Jie-A-Joen C，1998. Cascading contingent protection and vertical market structure[J]. International Journal of Industrial Organization，16(6)：697-718.

[148] Song Z，Stroresletten K，Zilibotti F，2011. Growing like China[J]. American Economic Review，101(1)：196-233.

[149] Statman M，Tyebjee T T，1985. Optimistic capital budgeting forecasts：an experiment[J]. Financial Management，14(3)：27-33.

[150] Steinfeld E S，1998. Forging reform in China：the fate of state-owned industry. Cambridge：Cambridge University Press.

[151] Stigler J G，1971. The theory of economic regulation[J]. Bell Journal of Economics，2(1)：359-365.

[152] Sun Q，Zhang A，Li J，2005. A study of optimal state shares in mixed oligopoly：implications for SOE reform and foreign competition[J]. China Economic Review，16(1)：1-27.

[153] Tobin J，1969. A general equilibrium approach to monetary theory[J]. Journal of Money Credit and Banking，1（1）：15-29.

[154] Van Long N，Vousden N，1991. Protectionist responses and

declining industries[J]. Journal of International Economics, 30(1-2): 87-103.

[155] Vermeulen F, Barkema H G, 2001. Learning through acquisitions [J]. Academy of Management Journal, 44 (3): 457-476.

[156] Weber Y, Shenkar O, Raveh A, 1996. National and corporate cultural fit in mergers/acquisitions: an exploratory study [J]. Management Science, 42(8): 1215-1228.

[157] Weston J F, 1998. Takeovers, restructuring and corporate governance[M]. New York: Pearson Education Limited.

[158] Williamson O E, 1968. Economies as an antitrust defense: the welfare tradeoffs [J]. American Economic Review, 58 (1): 18-36.

[159] Williamson O E, 1977. Economies as an antitrust defense revisited[J]. University of Pennsylvania Law Review, 125(4): 699-736.

[160] Wittman D, 1983. Candidate motivation: a synthesis of alternative theories[J]. The American Political Science Review, 77(1): 142-157.

[161] Xu D, Shenkar O, 2002. Institutional distance and the multinational enterprise [J]. The Academy of Management Review, 27(4): 608-618.

[162] Yamakawa Y，Peng M W，Deeds，D L，2008．What dries new ventures to internationalize from emerging to developed economies? ［J］．Entrepreneurship Theory and Practice，32 （1）：59-82．

[163] Zhang A，Chen H，2003．Horizontal mergers in a liberalizing world economy ［J］．Pacific Economic Review，7（2）：359-376．

[164] Zhang J，Zhou C，Ebbers H，2010．Completion of Chinese o-verseas acquisitions：institutional perspectives and evidence ［J］．International Business Review，20(2)：226-238．

[165] Zollo M，Singh H，2004．Deliberate learning in corporate ac-quisitions：post-acquisition strategies and integration capabili-ty in U. S. bank mergers［J］．Strategic Management Jour-nal，25(13)：1233-1256．

[166] 程惠芳,张孔宇,2006．中国上市公司跨国并购的财富效应分析［J］.世界经济,29(12)：74-80．

[167] 冯根福,吴林江,2001．我国上市公司并购绩效的实证研究［J］.经济研究(1)：54-61．

[168] 方军雄,2008.政府干预、所有权性质与企业并购［J］.管理世界(9)：118-123．

[169] 范征,2000.并购企业文化整合的过程、类型与方法［J］.中国软科学(8)：91-95．

[170] 顾露露,Robert Reed,2011.中国企业跨国并购失败了吗? [J].经济研究(7):116-129.

[171] 郝颖,刘星,林朝南,2005.我国上市公司高管人员过度自信与 投资决策的实证研究[J].中国管理科学 13(5):142-148

[172] 胡彦宇,关之雄,2001.中国企业跨国并购影响因素研究:基于 新制度经济学视角的经验分析[J].财经研究(8):91-102.

[173] 李杰,李捷瑜,黄先海,2011.海外市场需求与跨国垂直并购: 基于低端下游企业的视角[J].经济研究(5):99-110.

[174] 李善民,陈玉罡,2002.上市公司兼并与收购的财富效应[J]. 经济研究(11):27-35.

[175] 李善民,等,2004.上市公司并购绩效及其影响因素研究[J]. 世界经济(9):60-67.

[176] 李增泉,余谦,王晓坤,2005.掏空、支持与并购重组:来自我国 上市公司的经验证据[J].经济研究(1):95-105.

[177] 刘增武,2006.企业并购的文化风险因素分析[J].华东经济管 理(6):95-97.

[178] 马克·L.赛罗沃,2001.协同效应的陷阱:公司购并中如何避 免功亏一篑[M].杨炯,译.上海:上海远东出版社.

[179] 邵新建,等,2012.中国企业跨国并购的战略目标与经营绩效: 基于 A 股市场的评价[J].世界经济(5):81-105.

[180] 吴超鹏,吴世农,郑方镳,2008.管理者行为与连续并购绩效的 理论与实证研究[J].管理世界(7):126-133.

[181] 王海,2007.中国企业跨国并购经济后果研究:基于联想并购 IBM PC 业务的案例分析[J]. 管理世界(2):94-106.

[182] 王培林,靳云汇,贾昌杰,2007.从并购行为剖析中国上市公司 代理成本问题[J].金融研究(4):171-177.

[183] 韦军亮,陈漓高,2009.政治风险对中国对外直接投资的影响: 基于动态面板模型的实证研究[J].经济评论(4):106-113.

[184] 阎大颖,2009.国际经验、文化距离与中国企业跨国并购的经 营绩效[J].经济评论(1):83-92.

[185] 阎大颖,2011.制度距离、国际经验与中国企业跨国并购的成 败问题研究[J].南开经济研究(5):75-97.

[186] 余光,杨荣,2000.企业购并股价效应的理论分析和实证分析 [J].当代财经(7):70-74.

[187] 余淼杰,2007.政治竞争与相互直接投资[J].中国高等学校学 术文摘·经济学,2(2):250-274.

[188] 张建红,周朝鸿,2010.中国企业走出去的制度障碍研究:以跨 国并购为例[J].经济研究(6):80-91.

[189] 张建红,卫新江,海柯-艾伯斯,2010.决定中国企业海外并购 成败的因素分析[J].管理世界(3):97-107.

[190] 张立涛,于秀艳,2011.企业/IT 战略整合、企业/IT 文化整合 与绩效关系的实证研究[J].华东经济管理(4):110-113.

[191] 张新,2003.并购重组是否创造价值?——中国证券市场的理 论与实证研究[J].经济研究(6):20-29.

[192] 张宗新,季雷,2003.公司购并利益相关者的利益均衡吗?——基于公司购并动因的风险溢价套利分析[J].经济研究(6):30-37.

[193] 朱宝宪,王怡凯,2002.1998年中国上市公司并购实践的效应分析[J].经济研究(11):20-26.

附　录

第 3 章第 3.3 节：

若政府只考虑来自利益集团的游说资金，当以下条件成立时，政府不会同意并购：

$$\frac{1}{5}<c\leqslant\frac{1}{38}(1+3\sqrt{17})$$

$$0<\theta<\frac{7-46c+55c^2}{2-68c+2c^2}$$

$$0<e<\frac{-1+2c+2\theta+2c\theta}{c(1+4\theta)}+\frac{3}{4}\sqrt{\frac{1-2c+c^2-10\theta+20c\theta-10c^2\theta+8\theta^2-16c\theta^2+8c^2\theta^2}{c^2(1+4\theta)^2}}$$

或者：

$$\frac{1}{38}(1+3\sqrt{17})<c<\frac{1}{2}$$

$$0<\theta\leqslant\frac{7-46c+55c^2}{2-68c+2c^2}$$

$$0<e<\frac{-1+2c+2\theta+2c\theta}{c(1+4\theta)}+\frac{3}{4}\sqrt{\frac{1-2c+c^2-10\theta+20c\theta-10c^2\theta+8\theta^2-16c\theta^2+8c^2\theta^2}{c^2(1+4\theta)^2}}$$

或者：

$$\frac{1}{38}(1+3\sqrt{17})<c<\frac{1}{2}$$

$$\frac{7-46c+55c^2}{2-68c+2c^2}<\theta<\frac{1}{8}(5-\sqrt{17})$$

$$\frac{-1+2c+2\theta+2c\theta}{c(1+4\theta)}-\frac{3}{4}\sqrt{\frac{1-2c+c^2-10\theta+20c\theta-10c^2\theta+8\theta^2-16c\theta^2+8c^2\theta^2}{c^2(1+4\theta)^2}}e<$$

$$\frac{-1+2c+2\theta+2c\theta}{c(1+4\theta)}+\frac{3}{4}\sqrt{\frac{1-2c+c^2-10\theta+20c\theta-10c^2\theta+8\theta^2-16c\theta^2+8c^2\theta^2}{c^2(1+4\theta)^2}}$$

第 3 章第 3.3 节：

若政府同时考虑社会福利和来自利益集团的游说资金，当以下条件

成立时，政府不会同意并购：

$$0 < e < \frac{3}{4}$$

$$\frac{1}{5} < c < -\frac{1}{-5+4e}$$

$$\frac{-14+22c-8ce}{-17+13c+4ce} < \alpha \leqslant \frac{10+44c+106c^2-64ce-256c^2e+160c^2e^2}{13+38c+61c^2-64ce-160c^2e+112c^2e^2}$$

$$0 < \theta < \frac{(14-92c+110c^2+64ce-128c^2e+32c^2e^2-17\alpha+98c\alpha-65c^2\alpha-64ce\alpha+32c^2e\alpha+16c^2e^2\alpha)}{(4-136c+4c^2+128ce+128c^2e-128c^2e^2-4\alpha+136c\alpha-4c^2\alpha-128ce\alpha-128c^2e\alpha+128c^2e^2\alpha)}$$

或者：

$$0 < e \leqslant \frac{3}{4}$$

$$\frac{1}{5} < c < -\frac{1}{-5+4e}$$

$$\frac{10+44c+106c^2-64ce-256c^2e+160c^2e^2}{13+38c+61c^2-64ce-160c^2e+112c^2e^2} < \alpha < 1$$

$$0 < \theta < 1$$

或者：

$$0 < e < \frac{3}{4}$$

$$-\frac{1}{-5+4e} < c \leqslant \frac{1}{2}$$

$$0 < \alpha < \frac{-14+22c-8ce}{-17+13c+4ce}$$

$$0 < \theta < \frac{(14-92c+110c^2+64ce-128c^2e+32c^2e^2-17\alpha+98c\alpha-65c^2\alpha-64ce\alpha+32c^2e\alpha+16c^2e^2\alpha)}{(4-136c+4c^2+128ce+128c^2e-128c^2e^2-4\alpha+136c\alpha-4c^2\alpha-128ce\alpha-128c^2e\alpha+128c^2e^2\alpha)}$$

或者：

$$\frac{3}{4} < e \leqslant \frac{3}{2}(2-\sqrt{2})$$

$$\frac{1}{5} < c \leqslant \frac{1}{2}$$

$$\frac{-14+22c-8ce}{-17+13c+4ce}<\alpha<\frac{10+44c+106c^2-64ce-256c^2e+160c^2e^2}{13+38c+61c^2-64ce-160c^2e+112c^2e^2}$$

$$0<\theta<\frac{(14-92c+110c^2+64ce-128c^2e+32c^2e^2-17\alpha+98c\alpha-65c^2\alpha-64ce\alpha+32c^2e\alpha+16c^2e^2\alpha)}{(4-136c+4c^2+128ce+128c^2e-128c^2e^2-4\alpha+136c\alpha-4c^2\alpha-128ce\alpha-128c^2e\alpha+128c^2e^2\alpha)}$$

或者：

$$\frac{3}{4}<e\leqslant\frac{3}{2}(2-\sqrt{2})$$

$$\frac{1}{5}<c\leqslant\frac{1}{2}$$

$$\frac{10+44c+106c^2-64ce-256c^2e+160c^2e^2}{13+38c+61c^2-64ce-160c^2e+112c^2e^2}\leqslant\alpha<1,$$

$$0<\theta<1$$

或者：

$$\frac{3}{2}(2-\sqrt{2})<e<\frac{3}{8}(4-\sqrt{2})$$

$$\frac{1}{5}<c<-12\sqrt{2}\sqrt{\frac{1-2e+e^2}{(-1-32e+32e^2)^2}}+\frac{-17+16e}{-1-32e+32e^2}$$

$$\frac{10+44c+106c^2-64ce-256c^2e+160c^2e^2}{13+38c+61c^2-64ce-160c^2e+112c^2e^2}<\alpha<\frac{-14+22c-8ce}{-17+13c+4ce}$$

$$0<\theta<\frac{(14-92c+110c^2+64ce-128c^2e+32c^2e^2-17\alpha+98c\alpha-65c^2\alpha-64ce\alpha+32c^2e\alpha+16c^2e^2\alpha)}{(4-136c+4c^2+128ce+128c^2e-128c^2e^2-4\alpha+136c\alpha-4c^2\alpha-128ce\alpha-128c^2e\alpha+128c^2e^2\alpha)}$$

或者：

$$\frac{3}{2}(2-\sqrt{2})<e<\frac{3}{8}(4-\sqrt{2})$$

$$\frac{1}{5}<c\leqslant-12\sqrt{2}\sqrt{\frac{1-2e+e^2}{(-1-32e+32e^2)^2}}+\frac{-17+16e}{-1-32e+32e^2}$$

$$\frac{-14+22c-8ce}{-17+13c+4ce}\leqslant\alpha<1,\ 0<\theta<1$$

或者：

$$\frac{3}{2}(2-\sqrt{2})<e<\frac{3}{8}(4-\sqrt{2})$$

$$-12\sqrt{2}\sqrt{\frac{1-2e+e^2}{(-1-32e+32e^2)^2}}+\frac{-17+16e}{-1-32e+32e^2}<c\leqslant\frac{1}{2}$$

$$\frac{-14+22c-8ce}{-17+13c+4ce}<\alpha<\frac{10+44c+106c^2-64ce-256c^2e+160c^2e^2}{13+38c+61c^2-64ce-160c^2e+112c^2e^2}$$

$$0<\theta<\frac{(14-92c+110c^2+64ce-128c^2e+32c^2e^2-17\alpha+98c\alpha-65c^2\alpha-64ce\alpha+32c^2e\alpha+16c^2e^2\alpha)}{(4-136c+4c^2+128ce+128c^2e-128c^2e^2-4\alpha+136c\alpha-4c^2\alpha-128ce\alpha-128c^2e\alpha+128c^2e^2\alpha)}$$

或者：

$$\frac{3}{2}(2-\sqrt{2})<e\leqslant\frac{3}{8}(4-\sqrt{2})$$

$$-12\sqrt{2}\sqrt{\frac{1-2e+e^2}{(-1-32e+32e^2)^2}}+\frac{-17+16e}{-1-32e+32e^2}<c\leqslant\frac{1}{2}$$

$$\frac{10+44c+106c^2-64ce-256c^2e+160c^2e^2}{13+38c+61c^2-64ce-160c^2e+112c^2e^2}\leqslant\alpha<1,\ 0<\theta<1$$

或者：

$$\frac{3}{8}(4-\sqrt{2})<e<1$$

$$\frac{1}{5}<c\leqslant\frac{1}{2}$$

$$\frac{10+44c+106c^2-64ce-256c^2e+160c^2e^2}{13+38c+61c^2-64ce-160c^2e+112c^2e^2}<\alpha<\frac{-14+22c-8ce}{-17+13c+4ce}$$

$$\frac{(14-92c+110c^2+64ce-128c^2e+32c^2e^2-17\alpha+98c\alpha-65c^2\alpha-64ce\alpha+32c^2e\alpha+16c^2e^2\alpha)}{(4-136c+4c^2+128ce+128c^2e-128c^2e^2-4\alpha+136c\alpha-4c^2\alpha-128ce\alpha-128c^2e\alpha+128c^2e^2\alpha)}<\theta<1$$

或者：

$$\frac{3}{8}(4-\sqrt{2})<e<1$$

$$\frac{1}{5}<c\leqslant\frac{1}{2}$$

$$\frac{-14+22c-8ce}{-17+13c+4ce}\leqslant\alpha<1,\ 0<\theta<1$$

第 4 章第 4.3 节：

$$e_G = \frac{(-1+\alpha)(-3+\beta)+c[3+5\beta-\alpha(3+2\beta)]}{c\beta(12-12\alpha-2\beta+5\alpha\beta)}$$

$$-\frac{3}{4}\sqrt{\frac{\begin{pmatrix}16+32c+16c^2-32\alpha-64c\alpha-32c^2\alpha+16\alpha^2+32c\alpha^2+16c^2\alpha^2-\\24\beta-64c\beta-64c^2\beta+52\alpha\beta+176c\alpha\beta+112c^2\alpha\beta-28\alpha^2\beta-112c\alpha^2\beta\\-48c^2\alpha^2\beta+4\beta^2+48c\beta^2+64c^2\beta^2-12\alpha\beta^2-160c\alpha\beta^2-144c^2\alpha\beta^2\\+9\alpha^2\beta^2+116c\alpha^2\beta^2+84c^2\alpha^2\beta^2-8c\beta^3-24c^2\beta^3+32c\alpha\beta^3+92c^2\alpha\beta^3\\-30c\alpha^2\beta^3-80c^2\alpha^2\beta^3+4c^2\beta^4-20c^2\alpha\beta^4+25c^2\alpha^2\beta^4\end{pmatrix}}{(c^2\beta^2(12-12\alpha-2\beta+5\alpha\beta)^2)}}$$

第 4 章第 4.4 节：

$$e_{\pi_I}^T = \frac{-3-3c-\beta-c\beta}{4c(-3\beta+\beta^2)} - \sqrt{\frac{1}{c^2(-3+\beta)^2\beta^2\begin{pmatrix}1+2c+c^2+\beta-10c\beta-2c^2\beta-6t\beta-12ct\beta+4c\beta^2\\+7c^2\beta^2+2t^2\beta^2+28ct\beta^2+18t^2\beta^2-5c^2\beta^3-14ct\beta^3-9t^2\beta^3\\+c^2\beta^4+2ct\beta^4+t^2\beta^4\end{pmatrix}}}$$

第 4 章第 4.4 节：

$$e_W^T = \frac{1}{\beta} - \frac{1}{4}\sqrt{\frac{1+4c+4c^2+24t+48ct-6c\beta-12c^2\beta+6t\beta-108ct\beta-72t^2\beta+9c^2\beta^2+30ct\beta^2+15t^2\beta^2}{c^2\beta^2}}$$

第 4 章第 4.4 节：

$$e_G^T = \frac{3+3c-3\alpha-3c\alpha-\beta+5c\beta+\alpha\beta-2c\alpha\beta}{c\beta(12-12\alpha-2\beta+5\alpha\beta)}$$

$$-\frac{3}{4}\sqrt{\frac{1}{c^2\beta^2(12-12\alpha-2\beta+5\alpha\beta)^2\begin{pmatrix}16+32c+16c^2-32\alpha-64c\alpha-32c^2\alpha\\+16\alpha^2+32c\alpha^2+16c^2\alpha^2-24\beta-64c\beta-64c^2\beta+52\alpha\beta+176c\alpha\beta+112c^2\alpha\beta\\-28\alpha^2\beta-112c\alpha^2\beta-48c^2\alpha^2\beta+4\beta^2+48c\beta^2+64c^2\beta^2-12\alpha\beta^2-160c\alpha\beta^2\\-144c^2\alpha\beta^2+9\alpha^2\beta^2+116c\alpha^2\beta^2+84c^2\alpha^2\beta^2-8c\beta^3-24c^2\beta^3+32c\alpha\beta^3\\+92c^2\alpha\beta^3-30c\alpha^2\beta^3-80c^2\alpha^2\beta^3+4c^2\beta^4 20c^2\alpha\beta^4+25c^2\alpha^2\beta^4\end{pmatrix}}}$$

后　记

　　本书的写作动因主要有理论和现实两个方面：理论上，自 1776 年亚当·斯密出版《国富论》以来，学术界普遍认同一国能够从自由贸易中受益，然而世界上绝大多数国家并未实施自由贸易，理论与现实的差距如何理解？马克思主义政治经济学认为经济基础决定上层建筑，而上层建筑也反过来影响经济基础，在西方国家，特殊利益集团的游说活动对政策制定有十分重要的影响。现实中，自 20 世纪 90 年代以来，中国企业走出去的步伐越来越大，跨国并购数量呈指数增长，然而并购成功率并不高，并购目的国的并购政策也在很大程度上受到企业游说的左右。因此本书在在 Grossman 和 Helpman(1994)"Protection for Sale"模型基础上，构建了一个游说影响跨国并购政策的寡头垄断游说竞争模型，旨在揭示企业游说竞争影响跨国并购成功率的内在机理。

　　本书的主要章节均为理论模型分析，并未进行实证检验，主要有两大原因：一是数据有限。目前学术界对于游说和特殊利益集团政治活动的实证分析基本集中于美国，这是由于美国自 1995 年 LobbyingDisclosure-Act 颁布以来，游说数据的透明度和可用性有了巨大的提升，然而中国企业进行海外游说的案例有限，数据并不丰富，难以使用传统计量方法进行分析。二是因果推断问题。游说活动对政策影响的因果推断难度较大，目前学术界主要尝试使用双重差分和结构模型等方法进行解决。

本书的主体部分为博士论文,并融入了浙江省社科规划办重点项目(19NDJC032Z)、国家教育部青年基金项目(17YJC790062)、浙江省自然科学青年基金项目（LQ18G030016）、浙江省教育厅一般项目(Y201737964)的部分研究内容。本书的核心内容和核心观点曾发表于《TheWorldEconomy》、《PacificEconomicReview》等 SSCI 期刊。

本书写作的过程中得到了许多良师益友的帮助。最要感谢我的博士生导师浙江大学经济学院院长黄先海教授。黄老师在学术上的深厚造诣、严谨的学术作风以及积极向上的人生态度都让我受益匪浅,我将终身铭感于心。其次,感谢暨南大学李杰教授对我的无私帮助,在写作过程中,李老师总是不厌其烦地回答我各种问题,指引我有方向地阅读文献,帮助我不断修改模型,指导我进行英文写作,李老师对学术的一丝不苟的认真态度和渊博的学识让我十分敬佩,是我一生都要学习的榜样。另外,感谢同门的帮助,感谢杨高举师兄、陈晓华师兄、杨君师兄、陈航宇师弟、徐晓慧师妹在本书写作过程中对我的帮助。感谢我父母家人、我的先生陈烨楠博士在我求学和研究路上的无条件支持。

回望二十余年求学与研究生涯,感叹万千,往后仍要砥砺前行。本书的研究难免有疏漏,也仍需进一步深入研究,热忱欢迎各位读者批评指正。

蒋墨冰

2020 年 9 月 12 日于杭州